3·1운동 100주년 기념 답사기

'대한독립', 그 길 위에 서다

3·1운동 100주년 기념 답사기

'대한독립', 그 길 위에 서다

초판 1쇄 인쇄 2019년 2월 20일
초판 1쇄 발행 2019년 3월 1일

저 자 이동근

발행인 윤관백
발행처 출판 선인

영 업 김현주

등 록 제5-77호(1998.11.4)
주 소 서울시 마포구 마포동 324-1 곳마루 B/D 1층
전 화 02)718-6252/6257
팩 스 02)718-6253
E-mail sunin72@chol.com

정 가 23,000원
ISBN 979-11-6068-251-9 03910

·잘못된 책은 바꿔 드립니다.

3·1운동 100주년 기념 답사기

'대한독립', 그 길 위에 서다

이동근

도서출판 선인

　　2019년, 3·1운동 100주년이다. 빼앗긴 들에서 외쳤던 '대한독립'의 피맺힌 함성이 지난 100년을 이어왔다. 3·1운동 100주년은 삶의 한 바퀴와 같다. 독립을 열망하며 '대한독립만세'를 외쳤던 수많은 독립운동가들이 있다. 그 분들 모두를 기억할 수는 없지만 그래도 조금이라도 남겨 기록하고 기억하고자 한다. 거창하지 않았다. 단지 폭력적 억압과 차별에서 벗어나고자 했고, 독립만세를 외치면 나라의 독립이 오는 줄 알았다. '대한독립만세'의 외침은 인간으로서 누려야 할 최소한의 인권, 그 속의 '자유'와 '평등'이 무엇인지 가르쳐 주고 있다. 이것이 자주독립을 희망했던 수없이 많은 우리가 기억하는 독립운동가들과 이름 없이 잊혀진 독립운동가들이 원했던 것이고, 3·1운동 100주년의 참된 의미일 것이다. 3·1운동 답사 길을 통해 무명의 독립운동가들도 기억하고자 한다. 역사는 민초들이 만들어가며 기록되어지고, 잊혀 지지 않는다. 그리고 반드시 기억되며 미래를 열어가는 바탕이자 희망이 된다.

　　독립운동의 현장은 당시의 모습을 지키고 있지 못하다. 수많은 도시의 변화 속에 옛 모습이 남아있는 곳은 거의 없다. 독립운동의 현장을 알려주는 표석과 기념비 등의 상징물만이 그 현장의 외침을 알려주고 있다. 다만 몇 군데 기념관이 만들어진 곳에서 그날을 잊지 않고 기억하고 있다. 독립운동 현장의 그 길, '대한독립만세'의 피 맺힌 함성이 울렸던 3·1운동의 길, 나는 오늘 그 길 위에서 만세운동의 모습을 떠올리며, 새로운 삶의 모습들과 함께 기억하고 기념한다. 그리고 식민지라는 그늘 속에서 '대한독립'이라는 한줄기 빛을 좇으며 산화한 순국선열들에게 고개를 숙이며 오늘의 행복에 감사한다.

필자는 2008년 수원기생 김향화와 수원기생들의 만세운동을 밝히고, 그들의 대한독립과 함께하겠다고 맹세했다. 꾸준히 글을 쓰며 강의했던 결과들이 이제는 필자만의 수원기생들이 아닌 대한민국의 독립기생들이 되었다. 수원기생들과 김향화는 보도기사와 여러 편의 다큐멘터리 제작, 수많은 블로거들의 글과 역사를 연구하고 관심 있게 다루는 저자들의 글 속에서 기억되고 살아나고 있다. '대한독립만세'를 외치며 조선의 독립을 누구보다도 원했던 2·8독립선언의 젊은 주역들, 33인의 민족대표, 탑골공원의 청년들, 3·1운동하면 떠오르는 아이콘 유관순, 만주와 연해주로 이주했던 동포들, 수원기생 김향화, 진주와 통영의 기생들, 만세를 부르고 학살당했던 제암리의 순국 선열들, 그리고 이름 없는 독립운동가들.

3·1운동 100주년을 기념하며 나는 오늘도 그 길 위에 서있다. 3·1운동 답사 길은 2016년 말에 기획하고 시간 될 때마다 전국의 3·1운동 현장과 몇 군데의 해외 답사를 다녀왔다. 그 중 수원과 화성은 필자가 살고 있는 곳으로 자주 학생들과 또는 답사 안내자로 공부하러 지금도 다니고 있는 중이기에 기존의 글들을 다시 엮어보았고, 해외에서 만주 지역은 지난 2009년부터 몇 년간 백야김좌진장군기념사업회가 주관하고 보훈처가 후원했던 '청산리 역사 대장정' 지도교수로 다녀왔던 것을 정리했다. 러시아 연해주의 답사기는 2017년 한국근현대사학회와 함께했던 여름의 기록을 더했다. 더불어 중요 지역의 3·1운동을 중심으로 항일운동가와 항일유적지에 얽힌 이야기, 식민지 유산에 대한 이야기도 답사코스로 같이 서술했다. 하나의 사건만 보는 것이 아니라 그 지역의 식민지적 모습 속에 시대를 읽어 보고자 했고, 그 길을 걸으면서 답사기를 남겼다. 그 길에 우리의 인생처럼 때론 비가 오기도 했고, 때론 눈이 내리기도 했으며, 폭염이 내리쬐거나 서늘한 바람이 불기도 했다. 유적지를 제대로 찾을 수 없어 길을 헤매기도 했다.

필자는 역사의 대중적 글쓰기를 시작하며, 처음 출간한 대중서에 '신작로 근대를 품다'라는 제목을 썼다. 그리고 이후의 스토리텔링 작업의 제목을 '신작로 근대를 걷다'로 했다. 그리고 이젠 100년 전 그 모습과 100년 후 그 길 위에 '대한독립, 그 길 위에 서다'

로 했다. 독립운동가들의 의로운 행동과 숨결을 가슴에 품었고, 그 분들의 길을 걸어가 보며 참된 의미를 되새겨 보고자 했다. 그리고 이젠 그 길 위에 서있다. 길 위에 서서 순국선열들의 희생 위에 미래 100년이 있음을 생각해 본다.

우린 아직도 스스로의 역사를 청산하지 못했다. 나라를 팔아먹고 배신했던 자들에게 아직 죄를 다 묻지 못했다. 친일청산은 아직 미완의 과제로 남아있다. 더불어 적이었던 일본도 제국의 부활을 꿈꾸며 역사를 왜곡하며, 반성과 사죄를 하지 않고 있다. 진정한 참회의 눈물을 아무도 흘리지 않았다.

우리 스스로도 순국선열들에게 고마움을 다 표현하지 못하고 있다. 독립운동가들의 참다운 희생을 기억하지 못하고 그 후손들의 힘들었던 삶을 이해하지 못했다. 그렇기 때문에 감사해하지 못했고 가슴에 담지 못했다. 하지만 이젠 기억하고 감사해야하며, 반성하는 역사 위에 새로운 희망을 열어가야 한다. 지난 100년전 외쳤던 '자유'와 '평등'은 오늘과 내일의 '평화'가 되어야 한다. 기억하고 이해하고 감사해하면서 서로 반성하고 잘못된 과오는 반드시 청산해야 한다. 그것이 진정한 동아시아의 평화와 세계의 평화로 나아가는 길이 될 것이다.

이 책은 필자가 대한독립의 함성 100년을 기억하는 첫걸음이다. 아직 많은 곳을 다녀오지 못했고, 다녀 온 곳도 다 기록하지 못했다. 대한독립 함성의 의미를 되새기는 지금 지구상 마지막 분단국의 슬픔을 극복하고, 통일의 그날 북쪽의 3·1운동 유적지를 답사하여야만 완전한 책이 될 것이다. 3·1운동은 하나의 민족으로서 조국독립을 위해 나섰던 외침이었다. 해방 이후 미소의 분할 점령과 남과 북 단독정부의 수립, 친일청산의 미완, 한국전쟁으로 인한 현 분단조국의 현실. 우리 땅, 우리 산하, 북쪽의 그 길을 아직 자유롭게 가지 못한다. 치열했던 만세의 함성과 생존의 몸부림 반쪽 위에만 서있다. 3·1운동 100주년은 분단 극복의 가르침, 하나 된 조국의 독립에 대한 답이 있다고 생각한다. 지난 2018년 4월 27일, 역사적인 남북 정상의 '판문점 선언'이 있었다. 한반도의 완전한 비핵화와 일체의 적대적 행위를 하지 않겠다고 선언했다. 통일과 평화를 위한 새로운 시작이었다. 이후 9월 19일 두 정상이 평양에서 다시 만나 '평양공동선언'이 발표되었다. 평화의 봄을 맞이하고 있다.

앞으로 못 다한 3·1운동 답사 길을 계속할 것을 다짐해 본다. 3·1운동 대한독립의 그 길, 100년의 봄이 왔다. 지난 100년의 봄은 미래 100년을 위한 봄이었고 평화의 바람이 불기 시작했다. 대한독립의 그 길 위에 서서 '자유'와 '평등'의 첫발을 내딛어 본다. 이 모든 것은 앞서 살아간 독립운동가들의 힘이다. 다시 한 번 머리 숙여 감사드린다.

필자가 공부를 해나가는데 아낌없는 지도편달을 해주신 서굉일 교수님과 수원대 박환 교수님, 성균관대 임경석 교수님, 수원화성박물관 한동민 관장님께 진심으로 감사드린다. 그리고 어려운 여건 속에서 책이 나올 수 있게 힘써주신 도서출판 선인의 윤관백 사장님과 편집팀께 감사드린다.

마지막으로 고생만 하신 부모님과 사랑하는 아내와 두 아들, 우리 가족 모두에게 미안한 마음으로 항상 건강과 행복이 함께하길 기원하며 감사드린다.

2019. 3. 1

3·1운동 100주년을 기념하며, 인도래 서재에서

CONTENTS

민족해방운동의 절정
3·1운동

1910년대 일제의 혹독한 무단통치와 식민지 지배체제에 우리의 민중들은 분연히 떨쳐 일어서 침략과 수탈에 저항하여 3·1운동을 일으켰다.

1919년 1월부터 천도교·기독교·불교·학생 대표들이 비밀리에 모임을 갖고 우리 민족의 독립 의지를 과시할 시위 계획을 마련하기 시작했다. 2월 27일에는 「독립선언서」 2만여 부가 전국에 배포되었다. 3월 1일 민족대표 33인은 많은 군중이 모여들어 시위가 폭력화 할 것을 걱정하여 모임장소인 탑골공원에 나가는 것을 거부하고, 태화관에서 간단한 독립 선언식을 치른 뒤 일본 경찰에 자수했다. 그러나 탑골 공원에서는 한 학생이 독립선언서를 낭독하고 시위가 시작되었다. 탑골 공원에서 일어난 3월 1일의 만세운동은 전국적으로 확대되어 6개월여 동안 계속되었으며 해외에서도 벌어져 독립운동의 물결이 온 세상에 퍼져나갔다.

처음에는 비폭력 만세운동이 전개되었으나 일제의 무자비한 탄압으로 많은 희생자들이 속출하면서 일제 식민지배의 말단행정기구였던 관공서의 파괴와 일제의 주구 순사를 처단하는 등 공격적이고 계획적인 만세운동이 전개되었다.

3·1운동의 주요 항쟁지는 면사무소, 주재소, 장터 등이다. 지금은 당시의 면사무소 자리 위에 우리의 행정기관 면사무소 등이 존재하며, 불타 없어진 주재소와 남아있던 주재소는 오늘날 경찰서가 되었다. 또한 정기적으로 장이 열리며 대한독립만세의 함성이 울려퍼졌던 장터는 도심과 도심을 연결해 주는 상설시장이 되어 변해있다. 그리고 많은 산

상 횃불 시위가 열렸던 산들은 말없이 그 모습을 지키고 있다. 3·1운동 당시 많은 만세운동이 장터에서 벌어졌는데, 장터는 정보를 서로 교환하고 공유했던 곳이고, 많은 사람들이 모여 활발한 상거래 활동을 벌이는 곳이었기 때문이었다.

면사무소와 주재소는 식민지배의 가장 중요한 핵심 행정기구이자 지역민들을 억압했던 관공서였다. 면사무소는 각종의 조세관련 서류를 보관 집행하는 곳으로 식민지배를 정착시키고, 친일협력자들을 양성하는 구실을 하였다. 당연히 지역민들의 공격대상이 될 수밖에 없었다. 더구나 주재소의 경우는 직접적으로 지역민들에게 횡포를 일삼는 곳이며, 조선인 순사보들은 일본 순사의 수하 노릇을 하며 지역민들을 더 괴롭혔던 당사자들이었다. 결국 이러한 불만은 면사무소 앞에서 면서기들을 운동 대열에 내세우거나 주재소의 순사보 폭행으로 나타났다.

3·1운동은 우리가 일본 제국주의에게 나라를 빼앗기고 난 뒤 나라를 다시 되찾고자 했던 전 민족이 참여한 독립 투쟁으로 민족해방운동의 절정이었다. 또한 3·1운동은 상해임시정부 수립의 계기가 되었으며, 중국과 인도 등에서 일어난 반제국주의 운동에도 영향을 미쳤다.

적국의 심장
동경에 선 청년들

'적국의 땅'에 우뚝 선 조선청년들

나는 지금 적국(敵國)의 땅, 그리고 그 심장 동경(東京)에 서 있다. 지난 100년전 이 곳은 분명한 적의 나라였다. 지금도 우리나라에 남아있는 일제강점기 일본가옥을 우리는 '적산가옥'이라 부른다. 적이 소유했던 재산이라는 의미에서 부르는 말이다. '지금도 일본은 우리의 적인가?'라는 질문을 던져본다. 현재 일본의 정치집단과 우익들은 '일본 제국'이라는 망상에 아직도 사로잡혀 있다. 일본군 위안부 문제와 독도영유권 등에 있어 서슴없이 제국의 야욕을 드러내고 있다. 또한 지난 역사에 대한 진정한 뉘우침과 반성 없이 역사를 왜곡하고 있다. 아니 왜곡하는 것도 모자라 왜곡된 역사를 가르치고 있다.

그 땅의 심장 동경. 동경은 토쿠가와 이에야스(德川家安)가 1603년 교토(京都)에서 에도로 옮겨 에도 바쿠후(江戸幕府)를 세우면서 적극적인 개발이 이루어 졌다. 이전의 정치 중심지는 교토였고, 경제중심지는 오사카(大阪)였다. 하지만 메이지 유신(明治維新)은 구

동경의 중심 동경역의 인파

바쿠후 세력을 타파하고 낡은 정치체제를 일신한다는 의미로 천년고도 교토를 버리고 에도로 수도를 옮겼다. 1868년 에도란 이름을 교토의 동쪽에 위치한 수도를 뜻하는 동경(東京)으로 바꾸었다.

지금 서있는 동경의 거리는 평화롭기 그지없다. 지나가는 일본인들도 바쁜 도시의 일상 속 정장 차림에 말끔한 모습들이다. 그들은 지난 역사에 아무런 관심이 없는 듯하다. 일본 정부는 자신들의 과오를 가르치지 않고 오히려 예쁜 선물을 포장하듯 한다. 하지만 분명한 것은 일본의 진정한 반성과 사과, 그리고 제국의 야욕에 대한 떨침만이 동아시아의 평화를 가져오고 진정한 행복을 누릴 수 있다는 것이다. 일본인들은 우리와 함께 동아시아는 물론 세계의 평화를 위해 걸어가야 할 동행인이다. 동경 거리에 서서 지나가는 일본인들의 마음속에 우리와 함께할 수 있는 미래의 행복이 담겨있기를 소망해 본다.

1919년 2월 8일, 적국의 심장 일본 동경에서 모진 차별과 억압을 받던 조선인 학생들의 외침이 시작되었다. 세계는 제국의 야욕으로 넘쳐났고 급기야 세계대전이 발발했다. 참혹한 희생을 낳고 1차 세계대전이 끝나게 되자 1918년 1월 8일 미국 대통령 윌슨이 민족자결주의(民族自決主義)를 제창하였다. 세계정세에 빠른 소식을 접할 수 있었던 일본의 유학생들은 마음이 일렁거렸다. 민족자결의 원칙 아래 우리 민족도 반드시 자주독립을 획득하여야 한다는 목적이 생겼다. 이 목적 달성을 위해 젊은 일본 유학생들이 먼저 발 벗고 나섰다.

'2·8 독립선언'은 조선청년들의 독립선언이었다. 1912년 일본 땅에서 동경유학생들이 애국사상의 고취를 위해 '조선유학생학우회'를 조직했다. 그들은 회지로 『학지광(學之光)』을 발간하였고 토론과 강연회를 수시로 열고, 신입생 환영회와 졸업생 축하회 등의 모임에서 애국사상을 고취하였다.

그러던 중 1918년 12월 『재팬 애드버타이저(The Japan Advertizer)』, 『아사히 신문(朝日新聞)』 등에 재미동포들의 독립운동과 뉴욕에서 열린 세계약소민족동맹회의 2차 연례 총회에서 파리강화회의 및 국제연맹에서 약소민족의 발언권을 인정해야 한다고 주장했다는 등의 보도에 유학생들은 크게 고무되었다.

이후 재일유학생들은 1919년 1월 6일 동경 간다(神田區)에 있는 조선기독교청년회관에서 학우회 웅변대회를 열었다. 700~800여명의 학생이 참여한 웅변대회를 통해 최팔용(崔八鏞), 송계백(宋繼白), 서춘(徐椿), 김철수(金喆壽) 등이 연설하였고, 조선의 독립을 위해 일본 군국주의를 타파하고 구체적 운동을 개시하여야 한다고 결의하였다. 이날 연설을 맡았던 최팔용과 윤창석(尹昌錫), 김도연(金度演), 이종근(李琮根), 송계백, 최근우(崔謹愚), 백관수(白寬洙), 김상덕(金尙德), 서춘, 전영택(田榮澤) 등 10명이 실행위원으로 선출되었고, 이후 전영택이 신병으로 사퇴하고 이광수(李光洙), 김철수가 추가되어 11명의 실행위원을 구성했다. 최팔용은 독립선언서를 준비하였고 실제 독립선언서의 문안 작성은 추가 실행위원이 된 이광수가 전담한 것으로 알려져 있다. 최팔용과 송계백, 이광수는 모두 와세다대학(早稻田大學) 유학생들이었다.

1919년 2월 8일 오후 2시, 기독교청년회관에서 학우회의 결산 총회가 있다는 명목 아래 유학생 대회가 열렸다. 회장인 백남규가 개회를 선언한 후 사회를 맡은 최팔용이 대회의 명칭을 '조선독립청년단대회'로 바꾸고 '조선청년독립단' 발족을 선언하였다. 600여 명의 환호 속에 백관수에 의해 독립선언서가 낭독되었다. 그리고 김도연이 결의문을 읽었고 최팔용 등이 서명한 조선독립선언서가 배포되었다. 이것이 역사적인 「2·8 독립선언서」였다. 사전에 조선청년독립단 명의의 「민족대회소집청원서」, 「독립선언서」, 「선언서에 부친 결의문」이 각 대신과 귀족원·중의원·각국 대공사·조선총독부·각 신문잡지사에 우송됐다. 대부분의 동경유학생들이 참석한 가운데 열린 대회는 뜨거운 독립의 열기 속에 독립실행방법을 논의하고 가두 시위행진에 들어가려할 무렵 관할 니시간다(西神田) 경찰서장의 강제해산 명령으로 이뤄지지 못하고 실행위원 10명 등 30여명이 체포되었다. 거사 전 상해로 떠난 이광수를 제외한 10명의 서명위원이 모두 투옥되어 동경지방재판소 검사국으로 송치되어 옥고를 치렀다.

「2·8독립선언서」는 조선청년독립단 명의로 발표되었다. 일제침략행위를 역사적으로 설명하고, 병합이 민족의 의사를 무시한 일제의 군국주의적 야심의 사기와 폭력에 의해 이뤄졌음을 규탄하였다. 또한 식민지정책의 야만적 성격을 폭로하였고, 일제와 열강은 마땅히 동양평화와 세계평화를 위해 한국을 독립시켜야 한다고 주장하였다. 선언문은 「3·1독립선언서」를 기초할 때 참고가 되었고, 정당한 방법으로 민족의 자유를 추구하며 최후의 일인까지 열혈을 흘릴 것이며, 영원한 혈전을 불사한다고 주장하였다. 청년들은 무단통치 아래 고통 받는 우리 민족의 독립 의지를 강하게 표명하였다.

선언서

"조선청년독립단은 우리 2천만 민족을 대표하여 정의와 자유의 승리를 획득한 세계의 만국 앞에 독립을 선언하노라. (중략)

합병 이래 일본 조선통치 정책을 보건대 합병 시의 선언에 반하여 우리 민족의 행복과 이익을 무시하고 정복자가 피정복자에게 대하는 고대의 비인도적 정책을 계속 사용하여 우리 민족에게는 참정권, 집회결사의 자유, 언론 출판의 자유 등을 불허하며 심지어 종교의 자유, 기업의 자유까지도 적지 않이 구속하며 행정, 사법, 경찰 등 제기관이 조선민족의 인권을 침해하였다.

근본적으로 우리 민족과 일본인 간의 우열의 차별을 말하며 우리 민족에게는 일본인에 비하여 열등한 교육을 실시하여 우리 민족으로 하여금 영원히 일본인의 노예로 살게 할뿐 아니라 역사를 개조하여 우리 민족의 신성한 역사적 전통과 위엄을 파괴하고 업신여겨 소수의 사람 이외는 정부의 여러 기관과 교통, 통신, 군사시설 등 모든 기관에 전부 혹은 대부분 일본인을 사용하여 우리 민족으로 하여금 영원히 국가생활에 지능과 경험을 얻을 기회를 갖지 못하게 하니 우리는 결코 이러한 무력과 억압으로 제멋대로 처리하는 잘못된 불평등한 정치 하에서 생존과 발전을 누리기 불가능하다.

(중략) 우리 민족은 정당한 방법으로 우리 민족의 자유를 추구할 것이나 만일 이로써 성공하지 못하면 우리 민족은 생존의 권리를 위하여 온갖 자유행동을 취하여 최후의 일인까지 자유를 위하여 뜨거운 피를 흘릴지니 이 어찌 동양평화의 불행이 아니겠는가. 우리 민족에게는 한 명의 병사도 없다. 우리 민족은 병력으로써 일본에 저항할 실력이 없다. 그러나 일본이 만일 우리 민족의 정당한 요구에 불응할진대 우리 민족은 일본에 대하여 영원히 혈전을 선언하노라.

(중략)

이에 우리 민족은 일본이나 혹은 세계 각국이 우리 민족에게 민족자결의 기회를 주기를 요구하며, 만일 그렇지 않으면 우리 민족은 생존을 위하여 자유의 행동을 취하여 이로써 독립을 이룩할 것을 선언하노라.

<결의문>

1. 본단은 한일합병이 우리 민족의 자유의사에서 나오지 않고 우리 민족의 생존발전을 위협하고 동양의 평화를 뒤흔들 원인이 된다는 이유로 독립을 주장함.

2. 본단은 일본의회 및 정부에 조선민족대회를 소집하여 대회의 결의로 우리 민족의 운명을 결정할 기회를 이루기를 요구함.

3. 본단은 만국강화회의에 민족자결주의를 우리 민족에게 적용하기를 요구함. 위의 목적을 전달하기 위하여 일본에 주재한 각국 대사에게 본단의 의사를 각 해당 정부에 전달하기를 요구하고 동시에 위원 3인을 만국강화회의에 파견함. 위 위원은 앞서 파견된 우리 민족의 위원과 일치행동을 취함.

4. 앞의 모든 항목의 요구가 실패할 때에는 일본에 대하여 영원히 혈전을 선언함. 이로써 발생하는 참화는 우리 민족이 그 책임을 지지 아니함.

1919년 2월 8일
재일본 동경 조선청년독립단 대표

　적국의 심장에서 지난 100년 동안 '2·8 독립선언'의 참된 의미를 되새기며 동아시아의 평화를 원하고 있는 도쿄도 천대전구 원악정(東京都 千代田区 猿楽町)에 있는 재일본 한국YMCA를 찾았다. 건물 입구에 세워져 있는 '2·8독립선언기념비'를 먼저 마주한다. '2·8독립선언기념비'는 동경YMCA에서 2·8독립선언의 의의를 오랫동안 알리기 위해 재일본대한민국청년회와 함께 '1919.2.8. 조선독립선언기념비' 건립을 추진해 1982년 2월 8일에 제막식이 거행되었다. 그리고 꾸준히 한국 정부와 함께 매년 2월 8일 '2·8 독립선언

기념식'을 진행하며 그날을 잊지 않고 기억하고 있었다. 건물 안으로 들어가니 '안녕하세요'라는 교포의 인사말이 필자를 반갑게 맞이했다. 교포의 안내와 설명으로 '2·8 독립선언 기념 자료실'을 둘러보았다. 작은 연구실처럼 꾸며져 있는 자료실은 그날을 기억하고 있는 일본인 다즈케 실장이 운영하고 있다. 3·1운동의 전사라고 할 수 있는 2·8독립선언을 잊지 않고 기억하고 있는 일본인과 교포를 만났다는 것은 새로운 감동이었다.

동경YMCA 건물 입구에 세워진
'조선독립선언 1919. 2. 8. 기념비'

대한민국 대사관 영사부 건물 한국중앙회관 1층에 전시되어 있는 2·8독립선언의 주역들

　　'2·8독립선언기념자료실'은 1906년 창립된 재일본한국YMCA의 역사와 함께한다. 재일교포들과 사회적 소수자와 약자들을 위해 함께할 것을 결의하고 평화로운 세상을 위해 '화해와 공생'을 추구한다. 재일본한국YMCA 창립100주년기념사업의 하나로 대한민국 국가보훈처의 지원을 얻어 '2·8독립선언 기념자료실'을 개설하였다. 2·8독립선언의 주역들이었던 학생들을 기억하고, 그들을 도왔던 일본인 변호사들과 일본인 지식인들이 있었다는 것을 강조하며 어려운 시대 속에서도 참된 한일 공생의 흐름이 있었다는 것을 역사의 교훈으로 기억하고자 하는 것이 자료실의 존재 이유였다. 자료실은 2·8독립선언 관계사료 및 설명패널, 관동대진재 조선인 학살 관계사료 및 설명패널, 기타 기획특별전 등을 열고 있다.

동경의 재일본한국YMCA

동경 재일본한국YMCA 2 · 8독립선언기념자료실

'2·8 독립선언서'를 발표했던 동경 YMCA 회관의 원래 자리는 정확히 확인할 수 없다. 이미 그곳은 도로가 나고 고층빌딩에 둘러싸여 골목길 따라 자그마한 빌딩들이 들어서 그 흔적이 완전히 사라져 버렸다. 아쉬운 발걸음을 옮길 수밖에 없다.

동경YMCA 옛터 추정자리 주변

옛 동경 YMCA건물(2.8독립선언자료실)

'2·8독립선언'의 중심에 섰던 많은 학생들은 와세다(早稻田)대학 출신들이었다. 와세다 대학에서는 1927년 신간회 동경지회가 창립되기도 했다. 신간회 동경지회는 1927년 5월 7일 간부 전진한, 임태호 등을 중심으로 와세다대학 스코트홀에서 창립되었다. 이들은 도항 저지 반대운동, 거주권 확립운동, 언론·집회·결사·출판의 자유 획득운동, 치안유지법 제7호 철폐운동, 이민반대운동, 부당 금족 구인 검속 불법감금 및 고문경찰운동, 내선융화 반대운동 등을 표방하고 약 253명의 회원을 확보하여 활동하였다. 와세다대학 스코트홀은 1918년 와세다 봉사단의 스코트 부인이 남편을 기념하기 위해 기증한 건물로 웨리스 설계사무소의 설계와 감리로 건축되었다. 동경대공습 때 지붕 일부가 파괴된 것을 수리해서 현재 와세다 교회 건물로 사용하고 있다. 와세다 교회를 지나 언덕을 내려오면 와세다대학의 상징인 시계탑이 높게 있는 강당 건물을 마주한다. 예전에도 그랬던 것처럼 많은 학생들이 이 곳에서 미래를 열어가기 위한 노력들을 경주하고 있을 것이다. 그 안에서 과학자, 철학가와 문학가, 역사가도 나올 것이고, 정치가가 되기 위해 꿈을 꾸는 학생들도 있을 것이다. 올바르고 아름다운 미래의 청사진이 와세다 대학 하늘에 그려지길 기대해 본다.

신간회 동경지회 창립지 와세다대학 스코트 홀, 현 와세다교회

와세다대학의 상징 시계탑 강당건물

3·1운동의 전주곡 '2·8 독립선언'과 히비야 공원의 만세함성

'2·8독립선언서'의 발표는 곧바로 대한독립만세의 함성으로 이어졌다. 비록 선언서를 기초하고 준비했던 청년 대표들이 투옥되었지만, 일본 유학생들은 독립의 열망을 멈추지 않았다. 1919년 2월 12일 재일 유학생 100여 명이 히비야공원(日比谷公園)에 모였다. 이날 이달(李達)을 회장으로 추대하고 「독립선언서」를 다시금 발표하며 독립을 부르짖었지만 일본 경찰에게 이달 등 13명이 붙잡히고 학생들은 해산당하고 말았다. 하지만 이것이 끝이 아니었다. 2월 23일 다시 변희용(卞熙鎔)·최재우(崔在宇)·장인환(張仁煥) 등 5명이 조선청년독립단 민족대회촉진부 취지서를 인쇄하여 히비야공원에 모였다. 이들은 취지서를 배포하고 시위운동을 벌이고자 했으나 일본 경찰에 붙잡히고 말았다. 비록 히비야 공원의 두번의 독립시위가 일본 경찰의 진압으로 성공하지 못했지만 적국의 심장에서 보여준 우리 청년들의 불굴의 의지는 꺾을 수 없었다. 이후 3·1운동이 국내에서 일어나자 많은 일본 유학생들은 동맹휴학을 전개하거나 고국으로 돌아가 3·1운동에 참가했다.

히비야 공원과 시계탑이 설치된 시정회관 건물

히비야 공원은 원래 다이묘의 저택이 있었으나 화재로 불타버린 뒤 육군 근위사단 연병장(1871~1895)을 거쳐, 독일 공원 양식을 모방하여 1903년 개방된 일본 최초의 서양식 도시 공원이다. 동경의 센트럴파크라고 불리는 가장 중요한 동경 심장의 히비야 공원에 서서 애국 선열들의 영령과 함께 '대한독립만세'를 외쳐본다.

히비야 공원에서 좌측 광장 옆쪽으로 시계탑이 설치된 '시정회관' 건물이 있고, 앞쪽으로 관청가를 가는 길 쪽에는 문화관 건물이 있다. 일본 정부는 2018년 1월 25일 시정회관 지하에 '영토주권전시관'을 개관했다. 우리의 땅 '독도'와 그들이 지칭하는 '센카쿠열도'와 관련된 영토 주권을 부르짖는 곳이다. 이것이 식민지배를 했던 그들의 모습이다. 아직도 동아시아 평화로의 길은 멀기만 한 것인가? 그들에게는 우리 젊은 청년들의 '독립만세'의 함성이 들리지 않는 것인가? 나에게 동경의 센트럴파크는 시민들의 휴식공간이 아닌 가슴 아픈 현장일 뿐이다.

히비야공원을 지나 일본 동경의 행정 관청가 거리로 나와 위로 조금 올라가면 국회의사당이 보인다. 19세기부터 관청가로 조성된 거리의 핵심이 국회의사당이다.

일본 국회의사당

일본 헌정기념관

　　국회의사당 바로 앞에는 헌정기념관이 있다. 헌정기념관에는 서로 다른 기억의 중요
한 유물이 전시되어 있다. 헌정기념관 2층 본전시실로 올라가면 헌정의 변천 코너 두번
째 첫 쇼케이스에 안중근(安重根)의사가 이토히로부미를 사살할 때 사용한 총알이 전시
되어 있다. 그 총알의 네임텍 제목은 "이등박문(伊藤博文)의 조난(遭難)"이다. '1909년 10
월 26일, 이등박문은 만주 하얼빈 역 앞에서 한국인 안중근에게 저격당했는데, 이때 수
행원 3명도 부상당했다. 이 탄환은 이등박문을 수행했던 만주이사 다나까(田中淸次郞)의
환부에서 적출된 것으로서, 재판 종료 후 대련민정서(大連民政署)에서 다나카에게 돌려
준 것이다.'라고 설명해 놓았다.

'이등박문의 조난' – 안중근 의사의 탄환   이토히로부미를 겨냥한 안중근 의사의 탄환

　　일본 헌정기념관은 1970년 일본이 의회 개설 80년을 맞이한 것을 기념해서 설립되어 1972년 3월 개관했다. 이곳은 일본의 상징 후지산(富士山)의 높은 봉우리를 처마 끝에서도 바라볼 수 있다는 소나무 가로수가 유명했던 경승지였다. 에도(江戸)시대 초기에는 가토 기요미사(加藤清正)가 저택을 지었고, 그 후 하코네번(彦根藩)의 무사가 사는 저택으로 되어 에도 막부(江戸幕府) 말기에는 다이로(大老) 이이 니오스케(井伊直弼)도 이곳에 살고 있었다. 메이지(明治) 시대가 되고 나서는 참모본부·육군성이 들어서 있었던 곳이다. 일본 자신들의 역사적 공간을 활용하여 기념관이 건립되었고, 국회의 조직이나 운영 등을 자료와 영상으로 소개하고, 일본 헌정의 역사와 헌정 공로자, 그들과 관계가 있는 자료를 수집하여 상설전시를 하는 한편 특별전·강연회 등을 개최하고 있는 공간이다. 이토히로부미는 일본인들에게 헌정의 공로자이자 추모의 대상이다.

　　하지만 우리에게는 식민지배자로서 우리의 자주 독립을 되찾기 위한 처단의 대상이었다. 비록 전시되어 있는 탄환은 이토의 가슴에서 꺼낸 총알이 아닌 수행원이었던 만철 이사의 몸에서 적출한 것이다. 그러나 안중근 의사는 이 탄환을 이토의 가슴에 겨냥했을 것이다. 안중근 의사의 의거는 성공했다. 역사적 그날의 모습을 다르게 떠 올리는 것은 어쩌면 당연한 것인지 모른다. 일본 동경의 중심 헌정기념관에서 보는 안중근의사의 의거는 또 다른 감동으로 밀려왔다. 안중근 의사의 옥중 집필로 미완성으로 끝난 '동양 평화론'을 다시 생각해 보게 된다.

헌정기념관을 돌아 일본 경시청 건물을 지나다 보면 코쿄의 해자와 만난다. 해자를 따라 걷다 보면 바로 앞에 코쿄 외성의 한 문인 사쿠라다몬(櫻田門)이 있고 그 앞은 넓은 6차선 도로가 펼쳐져 있다. 일왕의 거처 코쿄(皇居)는 일본의 정신적 지주인 일왕과 그 일가가 거주하는 성채이다. 일왕가가 1869년 이주하여 140여년간 살고 있는 곳으로 거대한 이중의 해자가 동경 시내와 코쿄를 구분하고 있다. 외성과 내성으로 구분 된 코쿄. 무엇이 두려워 이중 삼중으로 천황을 보호하고 있는가라는 물음을 잠시 던져 본다. 에도성의 흔적 사쿠라다몬은 1936년 이래 옛 모습을 유지하고 있는 곳이다. 이곳에서 1932년 1월 8일 일왕 암살 미수 사건이 벌어졌다. 그 주인공은 우리에게 사진 한 장으로 각인되어 기억되고 있는 이봉창(李奉昌) 의사다.

코쿄의 해자와 멀리 보이는 앵전문

1931년 12월 13일 안중근의 막내동생인 안공근(安恭根)의 집에서, 양손에 수류탄을 들고 선서식을 마친 뒤 태극기를 배경으로 환하게 웃고 있는 이봉창 의사의 사진을 떠올려 본다. 이봉창 의사는 일본인이 경영하는 과자점의 점원으로도 일했고, 1920년대에는 만선철도에서 노동자로 일하며 일제의 부당한 노동 정책과 민족차별을 느끼며 항일의식을 싹틔웠다. 일본으로 건너가 오사카에서 철공소 직원으로 근무하며 일본인의 양자가 되어 기노시타[木下昌藏]로 이름을 바꾸기도 했다. 일본에서도 막일로 생계를 꾸려나가며 우리 민족이 일제의 침략으로 생존권을 위협받고 있는 것을 좌시할 수 없었고 독립운동에 투신할 것을 맹세하고 1930년 12월 중국 상해로 떠났다. 이봉창은 김구(金九)가 조직한 한인애국단(韓人愛國團)에 가입하여 일본천황을 폭살시킬 계획을 세웠다. 독립운동가들의 도움으로 수류탄을 입수하고 선서식을 한 뒤 1931년 12월 17일 일본 동경으로 향했다.

앵전문 앞 도로, 이봉창 의사 의거지

1932년 1월 8일, 동경 코쿄 사쿠라다몬(櫻田門) 앞 도로에서 독립의 폭발이 일었다. 동경요요키[代代木] 연병장에서 만주국 황제 푸이(溥儀)와 관병식을 끝내고 경시청 앞을 지나가는 히로히토 일본 천황을 향해 이봉창 의사는 조국의 독립을 위해 수류탄을 던졌다. 그러나 안타깝게도 수류탄은 명중되지 못하고 이봉창 의사는 체포되어 토요다마[豊

多摩] 형무소에 수감되었다. 실질적으로 천황을 향했던 폭탄 의거는 세계를 놀라게 한 대 사건이었다. 이 사건으로 이누가에[犬養] 내각이 총사퇴하고 다수의 경호 관련자가 문책 당하였다. 이봉창 의사의 재판은 비공개로 치러지면서 10월 10일 이치가야형무소[市谷刑務所]에서 형장의 이슬이 되어버렸다. 당시 중국의 국민당 기관지인 『국민일보』는 "한국인 이봉창이 일황을 저격했으나 불행히도 명중시키지 못하였다."고 보도하여 모든 중국인의 간절한 의사를 대변하여 주었다고 대서특필하였다. 때문에 일본 군경이 국민일보사를 습격하고, 중국 정부에 항의하는 등 중·일 관계가 악화되었고, 이후 제1차상해사변(第一次上海事變)의 빌미가 되었다.

한인애국단의 첫번째 거사였던 천황 폭살 사건은 실패했고, 이봉창 의사도 사형 당하였지만 임시정부의 새로운 활력을 불어 넣으며 독립운동의 새로운 방향이 되었다. 코쿄의 사쿠라다몬 앞에서 의거가 있었던 도로를 바라보며 사쿠라다몬으로 들어서는 나의 양 손에 폭탄이 아닌 앞으로 미래를 같이 해야 할 평화가 쥐어져 있기를 간절히 소망해 본다.

코쿄 메가네바시

사쿠라다몬 안으로 들어서면 내성의 해자가 보이고 안쪽으로 일본 천황이 기거하는 공간이 숨은 듯 겉모습만 살짝 보인다. 평상시 일반인이 볼 수 있는 것은 거기까지이다. 그 내성을 연결하는 해자의 다리가 두개 보이는데 앞쪽에 있는 다리는 메가네바시(めがね橋)이고 뒷쪽의 다리는 이중교로 불린다. 메가네바시는 동경에서 코쿄를 찾는 관광객들의 증명사진 포인트이다. 일본이 개화 이후 받아들이기 시작한 서양식 문화의 하나이며, 해자를 가로질러 외부와 코쿄의 중심을 연결하는 다리이다.

코쿄 메가네바시 앞에서도 독립운동가 서상한(徐相漢)의사의 울음소리가 들려온다. 대구 출신인 서상한 의사는 대구고등보통학교를 다니다가 1918년 일본으로 건너가 메이지대학(明治大學) 전문부 경제과를 거쳐 세이소쿠영어학교(正則英語學校)에 입학하였다. 재학중 학비가 부족하여 신문배달과 막일 등을 하면서 고학하였고, 일본의 동화정책을 적극적으로 반대하였다. 그래서 1920년 4월 29일이 영친왕 이은(李垠)과 일본 황족 방자(梨本宮方子)와의 가례일(嘉禮日)로 발표되자 이를 저지하기 위한 계획을 세우게 된다. 우편배달부로 가장하고 가례 행렬에 투탄할 계획을 세우고, 내무성과 외무성 폭파 및 사이토(齋藤實) 조선총독과 이완용(李完用)을 폭살할 계획까지 수립하였다. 일본인 학생들과 폭탄을 제조하고 성능까지 시험하면서 거사를 준비하였으나 밀정의 신고로 거사가 폭로되고 1920년 4월 11일 일본경찰에 체포되었다. 결국 동경지방재판소에서 징역 4년형을 받아 옥고를 치렀다. 출옥 후 노동운동과 투옥된 독립운동가들의 뒷바라지 등을 하는 등 항일민족운동을 지속했다. 서상한 의사는 일본에서 계속 생활하다 1967년 숨을 거두었다.

코쿄를 거쳐 동경역으로 가는길 저만치 붉은 벽돌의 동경역이 보인다. 거대 규모의 일본 철도의 중심지 동경역이다. 100년전 모습으로 복원된 붉은 벽돌 건물이 웅장하고 그 앞은 넓은 광장이다. 서울역의 닮아있는 모습은 당시 역사 건립의 유행을 보여주기도 한다. 서울역에 비해 하루 발착 기차는 4,000여 편, 1일 유동인구는 105만명으로 무려 10배에 다다른다고 한다. 붉은 벽돌의 역사(驛舍)는 일본 근대 건축의 대가 타츠노 킨코

(辰野金吾)가 러일전쟁 승리를 기념해 빅토리안 양식으로 1914년 설계한 것으로 중요문화재로 등록되어 있다. 하지만 이 건물도 패망의 그림자였던 1945년 동경 대공습으로 기둥만 남긴 채 불타버린 것을 1947년 재건한 것이다. 동경역 역사의 오른쪽 건물은 지금도 호텔로 사용하고 있다. 동경역사 중앙 입구를 빠져나와 광장 쪽에서 건물을 마주보고 서면 오른쪽 역사 건물이 호텔이고 입구가 자그마하게 있다.

일장기가 휘날리고 있는 붉은 벽돌의 동경역사와 호텔

지금도 운영되고 있는 동경역 호텔은 친일파 처단의 장소였다. 황해도 연백 출신의 양근환(梁槿煥)이 1921년 2월 16일 이른바 참정권운동을 표방하여 중의원의원선거법시행 청원운동을 전개하기 위하여 동경에 온 국민협회(國民協會) 회장이며 조선총독부중추원 부참의 민원식(閔元植)을 단도로 처단하였다. 일본에서 대학을 다니며 우유·신문 배달과 인력거를 끌며 고학하였던 인물이었다. 양근환은 거사 후 상해로 탈출하고자 했지만 1921년 2월 24일 나가사키항(長崎港)에서 상해행 일본여객선에 승선하려다 일본수상경찰에 잡혀 동경으로 호송되었다. 1921년 6월 30일 동경지방재판소에서 무기징역형을 선고받고 항소했으나 1922년 5월 4일 동경공소원에서 무기징역을 확정 받았다. 그 후

1933년 2월 11일 출옥하였다. 하지만 해방 후 1950년 한국전쟁 때 퇴각하던 북한군에 납치되어 처형당하는 비운을 맞았다.

　동경 곳곳은 일본의 중심이고 일본의 상징이지만, 우리에겐 빼앗긴 들을 되찾고자 했던 독립운동의 항쟁지였다. 어스름 저녁의 불빛 속에 퇴근길 정장 차림의 수많은 일본인들을 마주한다. 지금 보는 일본인들은 우리의 적이 아니다. 동아시아의 평화를 같이 헤쳐 나가야 할 동반자들이다. 그들과의 허물없는 교감을 기대해 본다.

저녁 불빛 속 동경역

그들이 기념하는 것과 그들이 기억하고 싶은 것

　일본의 근대화를 이룬 메이지 천황을 모신 곳이 메이지 신궁이다. 이곳은 동경에서도 많은 관광객들이 찾는 곳이고, 일본인들이 참배하러 오는 곳이다. 하라쥬쿠 역(原宿驛)에서 내리면 바로 신궁을 들어가기 전 건너는 다리 진구바시(神宮橋)가 있다. 1906년 신설되어 1924년 영국풍의 목가적 모습으로 재건하여 일왕 전용 열차역으로 이용(궁정플랫폼)한 곳이 하라쥬쿠 역이다. 그리고 역과 메이지 신궁을 연결하는 다리가 진구바시이다. 진구바시 앞 도로는 양쪽으로 일장기가 휘날리고 있다.

메이지 신궁 입구 진구바시

메이지 신궁 토리이

　토리이를 지나 도심 속에 한적한 숲길을 만난다. 사람들은 질서 정연한 일본을 보여주듯 좌측통행의 행렬이 쭉 이어졌다. 역대 일왕을 신으로 모시는 신사는 일본 전역에 22개가 있다. 그 중 메이지 일왕(1867~1912)을 신으로 추앙하는 곳 동경 최대의 신사가 메이지 신궁이다. 일본신사는 일본의 고유 종교인 신도(神道)에서 신령을 모시는 곳 또는 신령을 부르는 곳을 말한다. 일본인들은 정초에 신사를 참배하면서 새로운 한해의 시작을 기념하는 것이 관례이고, 인생의 중요한 때마다 신사를 참배한다. 일본의 신도는 정령신앙과 조상숭배를 기반으로 한다. 신사마다 다채로운 토착신앙과 관련된 신을 모시는데 전국에서 모시는 신은 2,000위 이상을 헤아리며, 큰 업적을 세운 사람이나 위인을 신으로 모시기도 한다. 신사에서는 소원성취와 액땜을 위한 도구인 오미쿠지, 에마, 오마

모리 등을 판매하며, 오미쿠지는 토정비결에 해당하는 운세 뽑기 종이로 한 해의 길흉화복을 점치는 내용이 적혀 있다. 일본 근대와 지금 동경을 있게 한 신성의 공간이 메이지 신궁인 것이다. 이곳에서 일본인들이 바라는 것은 무엇일까? 개인들은 가족의 행복과 건강, 취직이나 사업의 성공, 학업의 성취 등을 빌 것이다.

일본인들의 상징 메이지 신궁을 거쳐 도쿄도 치요다구 구단키타(東京都 千代田区 九段北)에 있는 야스쿠니 신사로 향해 본다. 우리는 신사하면 '야스쿠니 신사'가 먼저 떠오른다. 일본 제국주의의 망상이 아직도 남아 일본의 극우 정치가들이 반성 없이 그들의 전범들에게 감사를 표시하러 가는 곳이 '야스쿠니 신사'이기 때문이다.

역사적으로 야스쿠니신사가 문제가 되는 것은 천황을 위해 전사한 군인을 '호국영령'으로 모시고 그들을 천황과 국가에 충성하는 모범으로 삼아 최고의 영예를 부여하는 동시에 국민을 교육하는 역할을 하기 때문이다. 메이지 유신 시기 일본 내의 전쟁과 청일전쟁, 러일전쟁, 만주사변, 중일전쟁, 태평양전쟁 등에서 죽은 군인과 군속 등 246만여 명이 제신으로 모셔져 있다. 1978년부터 야스쿠니 신사는 도조 히데키 등 A급 전범 14명을 함께 제사 지내고 있다. 이와 같은 야스쿠니신사의 특수한 성격은 일본수상의 참배 등과 관련하여 패전 후 현대 일본 사회 및 아시아에서 여전히 정치적인 문제를 야기하고 있다. 현재 일본 제국의 잔상은 일본 우익 권력자들에게 승계되어 역사에 대한 망언과 왜곡, 독도 영유권 주장 등을 내세우며 역사전쟁을 야기하고 있다. 과거 역사에 대한 뉘우침과 반성, 제대로 된 사과와 보상 없이 역사적 사실을 외면하며 제국주의에 대한 망령이 일본의 우익집단과 정치 지도자들에 의해 되살아나고 있는 것이 현실이다.

야스쿠니 신사 하이덴(拜殿)

일제는 식민지배 당시 천황 이데올로기를 주입하기 위해 조선 곳곳에 신사를 세우고 조선인들로 하여금 강제로 신사참배(神社參拜)를 하게 했다. 일본의 민간종교인 신도(神道)의 사원인 신사를 중심으로 천황도 신격화하여 정신적 지배는 물론, 군국주의적 침략 정책 및 식민지지배에 이용하였다. 신사는 1910년 전에는 일본 거류민들을 위해서 민간에서 건립과 유지를 주도하였다. 하지만, 한일병합 후에는 조선총독부의 보호와 육성 아래 신사의 관·공립적인 성격이 강화되었다. 조선인에게까지 신사참배와 신도신앙을 강요했다. 1937년 중일전쟁 이후 일제의 이른바 '황국신민화 정책'의 강화로 모든 식민지 백성에게 신사참배가 강요되었다.

야스쿠니 신사는 2019년 창립 150주년을 맞는다. 2019년의 야스쿠니 신사 창립 150주년 기념사업의 하나로 전면적인 정비를 실시하고 있다. 제일 먼저 만나는 것은 1921년 세운 일본에서 가장 큰 토리이로 다이이치 토리이(第一鳥居)로 제1신사문이자 대신사문이다. '하늘을 찌를 듯한 다이이치 도리이'라는 시의 한 구절이 있을 정도로 유명하다. 그러나 오랜 세월 비바람에 손상을 입어 1943년 철거되었고, 현재의 도리이는 1974년 참전 전우들이 기증한 것으로 높이는 25m이다. 첫번째 만나는 토리이부터 군국주의 냄새가 풍기고 있는 것이다. 제1신사문을 지나면 바로 오무라 마스지로의 동상이 나온다. 근대 일본 군대의 창설자인 오무라 마스지로(1824~1869)는 야스쿠니 신사를 창건하기 위해 지대한 노력을 쏟아 부었고, 1893년에 세워진 일본 최초의 서양식 동상이다. 각종 기념비와 위령비를 지나면 제2신사문인 청동제 도리이인 다이니 토리이(第二鳥居)를 지나 신사 경내로 들어간다. 다이니 토리이 왼편에는 오테미즈샤(大手水舍)가 있다. 본당 정화샘으로 참배를 하기 전에 손과 입을 청결히 하는 곳으로 1940년 미국에 거주하는 일본인들이 야스쿠니 신사에 기증한 것으로 화강암으로 만들어졌고 무게가 18톤이나 나간다. 일본인들은 이곳에서 청결한 마음을 가지고 신문(神門)에 들어갈 것이나, 그들의 모습을 카메라에 담는 내 마음은 불편하다. 바로 신문으로 들어갔다. 제3신사문인 츄몬 도리이(中門鳥居) 뒤로 하이덴(拜殿)이 보인다. 배전은 1901년에 세워졌고, 1989년에 지붕을 개축하였다. 배전 앞에는 헌금함이 놓여 있고 방문객의 발길은 여기까지 이다. 바로 앞에서 촬영을 하는 것도 금지사항이다. 사진은 제3신사문 밖에서 줌을 당겨 촬영했다. 배전 뒤로 혼덴(本殿)이 있는데 이곳이 영령들을 모신 곳으로 1872년 건설되었다. 1986년 개축 공사가 있었고, 1986년 본래의 모습으로 복원되었다. 본전 뒤에 레이지보 호안덴(靈璽簿奉安殿)이 1972년 건설되었는데 이곳에 야스쿠니 신사가 모시는 모든 영령의 명부, 즉 영새부가 안치되어 있다. 일본 전통의 수제 종이에 그 이름들을 적어 놓았다고 한다. 바로 이곳에 그들의 군국주의적 야망을 버리지 못하고 참회하지 않는 역사적 명부들이 모셔져 있는 것이다. 배전에서 오른쪽으로 돌아 내려오면 전쟁 박물관인 유수칸(遊就館)이 1882년 개관하여 2002년 건물을 보수 확장하였는데 태평양전쟁을 기리고 있는 곳이다. 일본인들이 추앙하고 정치적으로 이용하는 적국의 심장의 가장 중요한 야스쿠니 신사는 일본인들에게 어떤 의미일까? 다만 나에게 있어서는 적국의 야욕이 분명히 들어나며 반성하지 않는 공간일 뿐이었다.

일본 야스쿠니 팜플렛 자료에 "야스쿠니 신사는 보신 전쟁, 사가(佐賀)의 난, 세이(西南) 전쟁 등의 내전 때에 근대 일본의 출발점이된 메이지 유신을 수행하다 목숨을 잃은 이들을 비롯하여 요시다 쇼인, 사카모토 료마 등 메이지 유신의 선구자로서 역사적으로 유명한 막부 말기의 지사들과 청일전쟁, 러일전쟁, 제1차 세계대전, 만주사변, 중일전쟁, 태평양전쟁(제2차 세계대전) 등의 전쟁 때에 조국 수호를 위해 목숨을 잃은 이들의 영혼을 모시고 있으며 모두 246만 6천여 명에 이릅니다. 그중에는 군인뿐만 아니라 전장에서 구호를 위해 활약한 종군간호사나 여학생, 군수공장에서 목숨을 잃은 수많은 학생, 군속, 문관, 민간인들도 있습니다. 또한 야스쿠니 신사는 당시 일본인으로써 싸우다 죽은 대만인과 한국인, 시베리아 체류 중에 사망한 군인·군속, 태평양전쟁 종전 시 소위 전쟁 범죄인으로서 처형된 이들의 영혼도 모시고 있습니다. 이처럼 다종다양한 사람들의 영혼을 신분, 공훈, 남녀의 구분 없이 모두 평등하게 기리는 것은, 야스쿠니 신사의 목적이 오로지 '나라를 위해 목숨을 바친 이들의 영혼을 달래고 널리 알리는 것'뿐이기 때문입니다. 즉 야스쿠니 신사에 모셔진 246만 6천여 영령의 한가지 공통점은 '조국 수호를 위한 공무로 희생된 분들의 귀중한 영혼'이라는 것입니다."라고 써놓았다.

'조국수호를 위한 전쟁 희생자들'이라고 하고 있다. 그 중에는 일본인으로서 싸우다 죽은 대만인과 한국인도 있다고 했다. 일본 스스로 열거한 '청일전쟁, 러일전쟁, 제1차 세계대전, 만주사변, 중일전쟁, 태평양전쟁(제2차 세계대전)은 일본 제국이 일으켰던 조국 수호의 전쟁이 아니라 동아시아 패권을 움켜쥐고 싶었던 일본의 야욕을 드러낸 침략 전쟁임을 분명히 하자. 일본제국은 침략 전쟁을 일삼았고 수없이 많은 희생과 전쟁범죄를 일으켰음을 잊지 말아야 할 것이다.

2019년 3·1운동 100주년. 2019년 야스쿠니 신사 창립 150주년의 우리들이 풀어야 할 숙제는 무엇인가? 일본에게 진정한 참회의 눈물을 흘릴 수 있는 사죄와 반성이 있는 2019년이 되기를 바라고 싶다. 나는 야스쿠니 신사에서 두 주먹을 불끈 쥐며 새로운 마음과 결의를 다져본다. 우리의 자주독립을 위한 3·1운동 100주년에 동아시아의 평화를 함께 소망해 보기를 간절히 바란다.

또 다른 기억의 방식들 : 고려박물관, 문화센터 아리랑, 재일한인역사자료관

신오쿠보는 일본 동경의 코리아타운이나 마찬가지이다. 신오쿠보 역에서 내려 걷는 거리엔 한국 음식점과 한글 간판이 계속 이어진다.

신오쿠보 거리의 한글 간판

신오쿠보 시내 안쪽에 제2한국광장빌딩 7층에는 일본 시민이 만든 일본과 코리아 교류의 역사박물관인 '고려박물관'이 있다. 박물관이라기 보다는 작은 규모의 전시실이다. 하지만 이곳의 활동이나 내용을 살펴보면 아주 많은 것을 담고 있는 박물관의 역할이 있고, 일본인들의 진정어린 정성이 느껴지는 곳이다. 고려박물관은 다음의 목적을 위해 노력하고 있다.

1. 일본과 코리아(한국·북조선) 사이의 오래된 풍요로운 교류의 역사를 꾸밈없이 소개하고, 서로의 역사와 문화를 공부해 이해하고 우호를 더해 간다.
2. 도요토미 히데요시의 두 번의 침략과 근대 식민지 지배의 잘못을 반성하고 역사의 진실에 다가가 일본과 코리아의 화해를 지향한다.

3. 재일한국·조선인의 생활과 권리 확립을 기원하며 재일한국·조선인 고유의 역사와 문화를 전해, 민족차별이 없는 공생사회의 실현을 지향한다.

이와 같은 목적을 실현하기 위해 매년 재일동포들을 초청하여 강연회와 연주회를 열고 있고, 문화강좌를 통해 코리아의 전통 음악과 무용을 배운다. 여기에 더하여 한국의 역사와 문화를 소개하는 기획전시들을 열어가고 있다. '임진왜란(일본에서는 [文禄·慶長の役])과 조선의 도자기', '민족교육의 지금을 말한다', '잃어버린 조선문화유산', '鳥居·しめ縄(도리이, 시메나와)는 어디에서 왔는가?', '불고기 김치가 아주 좋다!', '한국병합 100년과 재일 한국·조선인' 등을 개최했다. 7층에 꾸며진 상설전시장은 고대에서 근·현대에 이르기까지 일본과 코리아의 관계를 시대별로 전시하고 있다. 신라의 왕관과 백제의 향로 등 한국 국보의 복제품도 전시하고 있다. 재일동포의 역사를 소개한 연표도 있

고려박물관과 문화센터 아리랑이 있는 건물　고려박물관 전시실

다. 또한 코리아 문화 코너도 만들어 호화스러운 자개, 서랍장과 화장대 등을 전시하고 있다. 조선 왕조의 관복, 모자, 허리띠, 담배대 등의 전시와 장고, 북, 장, 꽹가리, 대금, 가

야금 등의 악기도 전시하고 한복도 입어 볼 수 있는 코너이다. 고려박물관은 "역사의 진실을 돌아보는 것에 의해, 우호의 촉진과 화해는 가능하다"라는 입장을 가지고 역사의 진실을 전하는 전시를 하고 있다고 한다

고려박물관 한국문화 체험

문화센터 아리랑

　　고려박물관 위층인 8층에는 운영 주체는 다르지만 한국의 문화를 기억하고자하는 '문화센터 아리랑'이 있다. 작은 도서관이자 토론의 공간으로 한국어를 할 줄 아는 운영자가 우리를 안내해 주었다. 그러나 찾아오는 이는 그리 많지 않다고 한다. 문화센터 아리랑은 1992년에 재일한국인 실업가 고 박재일 씨가 사재를 털어 사이타마현 가와구치시에 창설했다. 한국·조선에 관한 수많은 서적과 자료를 소장하고 한국·조선문제에 대한 조사·연구를 하는 마당으로서 연구자 및 일반시민, 지역 주민들에게 널리 개방되어 있고, 여러가지 활동들을 해오고 있는 곳이었다. 이곳은 2010년 6월, 활동 거점을 신오쿠보로 옮겨 일본과 한국·조선과의 우호관계를 깊게 하고, 일본인과 재일교포간의 풍요로운 공생사회를 만들기 위해 다양한 활동을 하고 있다. 일본과 한국·조선에 관한 서적과 자료를 5만권 이상 소장하고 있는데, 고대사부터 현대사까지의 역사서, 재일한국·조선인의 역사와 인권에 관한 서적 외에 잡지, 각종 지역 신문, 그리고 한국 그림책과 아동도서도 갖추어져 놓고 있었다. 열람실에서는 누구든지 마음껏 책을 읽을 수 있었다. 운영자는 와세다 대학 출신으로 사서의 역할을 하고 있는데 현재, 열람실에서 열람할 수 있는 서적 수는 약 5,000권으로 나머지 4만5,000권이 넘는 귀중한 서적과 자료는 박스에 넣어

진 채 창고에 보관하고 있다고 설명한다. 또 이곳에서는 강의와 연구모임도 이루어진다고 한다. 현재 활동하고 있는 연구회는 재일사학자인 강덕상 선생의 '근현대한일관계사 연구회', '차별과 폭력을 생각하는 연구회' 등이 있다.

뜻있는 일본인 스스로가 재일동포들과 함께 올바른 역사인식을 추구하며 진정한 공생관계를 추구하고 있다. 아주 많은 사람들은 아니지만 기억하고 기록하고, 미래의 가치를 위해 진정어린 모습으로 다가가고 있음을 느끼고 배운다.

신주쿠에서 남쪽으로 조금 멀리 떨어진 도쿄도 미나토구 미나미아자부 대한민국 대사관 영사부 건물 한국중앙회관 별관 3층에 '재일한인역사자료관'이 있다. 재일한인역사자료관은 입장료를 받고 있다. 입장료는 성인이 200엔이었다. 별관의 2층으로 올라가면 전시실을 만날 수 있다. 사무실은 3층에 있었다. 하루 방문객은 7~8명에 불과하지만 재일동포의 역사를 한 눈에 살펴 볼 수 있었고 야외 전시도 자그많게 있었다. 자료관 내부의 촬영은 불가했다. 영사부 건물 안이어서 그런지 다소 딱딱하고 무거운 분위기였다.

재일한인역사자료관

재일한인역사자료관은 재일동포에 관한 각종 자료를 수집·정리하여 전시함으로써 재일동포 100년의 발자취를 보존하고, 이를 후세에 널리 알리고자 하는 취지로 2005년 11월에 개관하였다. 일본으로의 도항과 생활, 민족교육, 권익옹호운동 등 자료관에서 수집·전시하고 있는 각종 자료와 생활용품 등은 고단했던 삶 속에서도 민족적 긍지를 잃지 않고 살아온 재일동포의 발자취를 고스란히 담고 있는 귀중한 자료이다.

제1전시실은 식민지 시기 일본으로의 도항, 유학생들의 독립선언, 관동대지진 조선인 학살, 사회노동운동, 강제연행의 실태, 황국신민화정책 등 해방 전의 자료를 전시하고 있다. 제2전시실은 해방을 맞아 일본 각지에서 고향으로 귀국하는 모습, 해방 직후 일본에서의 생활과 민족교육의 시작, 외국인등록법 개정운동으로 대표되는 권익옹호운동 등 해방 후 재일동포의 발자취를 전시하고, 제3전시실은 전통과 풍습을 소중히 지켜온 관혼상제의 모습, 1930년대 조선인 마을의 온돌방 재현 등 식민지 시기부터 해방 후에 이르기까지 일본에서의 생활상을 엿볼 수 있는 각종 자료를 전시하고 있다. 옥외테라스에는 재일동포 100년 연표, 1930년대 오사카 조선시장과 1960년대 고물상의 재현, 1970년대 오사카 만국박람회 한국관에 설치되었던 에밀레종 복제품 등을 전시하고 있다.

재일한인역사자료관 옥외테라스 전시

재일한인역사자료관 에밀레종 복제품

재일한인역사자료관은 재일본대한민국민단의 역사와 함께한다. 1946년 10월 3일 히비야 공회당에서 재일본대한민국민단(재일민단)이 결성되어 창립 70년이 넘었다. 일제시대의 가혹한 식민지 지배로 강제징용을 당하거나 살아남기 위해 일본으로 건너간 200만명 중 어쩔 수 없는 사정으로 일본에서 살아가는 것을 선택한 사람들이 재일동포였다. 일본의 패전 후 잿더미가 된 일본에서 민족적 차별 및 빈곤 등의 생활고와 싸우며 살아가는 재일동포를 위해 재일민단이 만들어 졌다. 조총련과의 충돌도 빈번했지만 재일민단은 다양한 활동을 해왔다.

재일민단은 일본사회에 만연해 있는 재일동포에 대한 이유 없는 차별과 싸워왔다. 그러면서 식민지의 과거를 가진 분단 국가라는 역사의 멍에를 진 조국의 발전에 기여하고, 더 나아가 "일의 대수"의 관계에 있는 한일 양국의 가교가 되고자 했다. 더불어 재일동포의 긍지를 차세대에 이어 가는 일들을 위해 노력하고 있다.

일본 동경의 고려박물관, 문화센터 아리랑, 재일한인역사자료관은 재일동포의 올바른 역사를 널리 알리면서 올바른 역사인식을 갖고자 노력한다. 또한 미래의 발전적 관계를 위한 공생을 모색한다. 소수의 관심과 노력이지만 한·일간 앞으로 어떻게 미래를 열어 갈지에 대한 고민과 방법을 이곳에서 배울 수 있다. 누군가는 잊지 않고 기억하며, 새로운 밝은 세상을 꿈꾸고 있는 것이다.

'대한독립만세'의 물결,
'자유'와 '평등'을
외치다!

교육의 터전에서 민족정신이 피어나다

서울에서 관광객들이 가장 붐비는 장소이자 가장 한국적인 모습을 보여주고 있는 곳이 북촌이다. 종로의 인사동 거리에서 고미술품과 고서적, 전통공예품 등을 보고 전통 찻집에서 소소한 대한민국을 마주했다면, 그보다 더 깊은 한국을 느끼고자 하는 사람들이 찾는 곳이 북촌한옥마을이다. 북촌한옥마을은 경복궁과 창덕궁, 종묘를 끼고 그 안에 존재하고 있는 마을이다. 이곳은 예로부터 양반동네로 불리며 조선시대 상류층들이 기거했던 곳이다. 원서동, 재동, 계동, 가회동, 인사동으로 구성된 이 지역은 청계천과 종로의 윗동네라는 뜻에서 '북촌'이라는 이름으로 불리었다. 그리고 왕실의 고위관직에 있거나 왕족이 거주하는 고급 주거지구로 솟을대문의 기와집들이 들어서 있었다. 곳곳에 아직까지 남아있는 몇 채의 한옥들은 그때의 모습들을 간직하고 있다. 원래 커다란 기와집 몇 채와 30여호의 한옥만이 남았으나 일제강점기와 한국전쟁 이후 다시금 마을

헌법재판소

이 정비되고 복원되면서 오늘의 모습이 되었다.

　이곳 북촌에는 오랜 역사적 전통을 가지고 있는 학교들이 있다. 1920년 조선여자교육회로 시작한 덕성여자고등학교, 1895년 재동관립소학교로 개교한 서울재동초등학교, 1925년 종로구 수성동에서 대동학원으로 시작하여 현재의 자리로 이전한 대동세무고등학교, 1908년 애국지사들이 뜻을 모아 세운 민립사학 중앙고등학교 등이다. 이중 중앙고등학교는 110년의 역사를 간직하고 3·1운동을 준비했던 중요한 역사와 6·10만세운동의 발원지이기도 하다. 3호선 안국역에서 내려 북촌으로 향해 중앙고등학교를 향하는 길에 한복을 입고 기념촬영을 하며 활짝 웃고 있는 관광객들이 눈에 띈다. 또한 헌법재판소 앞에서도 많은 젊은 학생들이 기념촬영을 하고 있다. 촛불 혁명이 지난 대통령의 잘못을 묻고 탄핵했던 역사적 장소로 거듭난 것을 기념하고 있는 것이다. 다시금 생각해 보면 촛불을 들었던 민심은 이 나라를 제대로 된 나라로 만들어야 한다는 모든 국민의 소망이었다. 바로 그 촛불 혁명이 있기까지는 3·1운동의 들불처럼 일어났던 자유와 평등의 외침이 밑바탕이었음을 잊어서는 안 될 것이다.

헌법재판소를 지나 가회동성당을 거쳐 중앙고등학교 교정에 들어선다. 중앙고등학교는 1908년 6월 기호흥학회에서 운영하는 기호학교로 출발해 그해 12월 화동 138번지에 새 교사를 마련했다. 이후 1910년 11월 중앙학교로 교명을 바꾸었고, 1915년 4월 김성수가 인수한 뒤, 현재의 계동 1번지 언덕에 교사를 신축하고 1917년 12월 이전하였다. 교정에 들어서면 학생들이 공부를 하고 있는 건물 앞에서 마주하는 것은 양쪽에 세워진 '3·1운동 책원비'와 '6·10만세 기념비'이다.

중앙고등학교 3·1운동 책원비

중앙고등학교 교사와 6·10만세기념비

'3·1운동 책원비'는 이곳에서 독립선언서 작성 등 3·1운동을 계획한 것을 기리기 위해 세워졌다. 책원비를 보면서 오른쪽으로 돌아 올라가면 자그마한 한옥 건물이 나오는데 '삼일기념관'이라는 현판을 걸고 있다. 바로 이곳은 '옛 중앙고등보통학교 숙직실 터'였다. 바로 이곳이 3·1운동이 논의되었던 곳이다. 1919년 1월 일본 동경에서 유학하고 있던 학생 송계백이 이곳에서 와세다대학 선배인 중앙학교 교사 현상윤과 교장 송진우를 만났다. 숙직실 비밀 모임에서 송계백은 일본 유학생들의 2·8독립선언의 계획을 알리고

「2·8 독립선언서」 초안을 전달했다. 결국 2월 8일 일본 동경에서 유학생들의 독립선언이 이루어졌고, 서울에서 벌어진 3·1운동의 도화선이 됐다. 그날을 기념하기 위해 숙직실을 복원하여 '삼일기념관'으로 하였다. 이곳 숙직실은 송계백이 다녀간 이후에도 2월초 최린과 최남선이 송진우, 현상윤 등과 최린 집에서 회합을 갖고 난 뒤 다시 모여 독립운동을 논의 했던 장소였다.

삼일기념관(옛 중앙고보 숙직실 터)

중앙고등학교 옛 건물

　　이러한 독립의 의지는 1926년 4월 25일 순종황제가 돌아가시자 제2의 3·1운동인 '6·10만세운동'으로 이어졌다. 1926년 6월 10일 순종의 국장행렬이 단성사 앞에 이르자 중앙고보생 30~40명이 '조선독립만세'를 외치고 격문을 살포하면서 6·10만세운동의 기치를 올렸다. 불평등하고 차별적인 역사의 어둠 속에서 청년학생들이 들었던 희망의 불씨를 교정에서 다시 느껴본다.

종교를 뛰어넘어 조국의 독립을 염원하다

북촌입구에서 헌법재판소를 지나 쭉 길을 따라 오르다 보면 자그마한 건물의 북촌박물관이 보인다. 북촌박물관의 지주 간판 옆에 작게 표지석이 서있다. 표지석은 이곳이 손병희 선생 집터임을 알려주고 있다. 3·1운동의 민족대표 33인을 이끈 지도자는 손병희다. 3·1운동이 일어나기 전날인 2월 28일 독립선언서에 서명한 민족대표 33인 가운데 23인이 바로 이곳 가회동 손병희 집에 모였다. 서로 얼굴을 익히고, 다음날의 거사를 최종적으로 점검하였다. 여기서 독립선언식 장소인 탑골공원에 학생들이 집합하기로 했다는 소식을 듣고, 민족대표들은 만일의 사태를 우려해 독립선언식의 장소를 인사동 명월관의 지점인 태화관으로 변경하였다.

손병희 집터(현 북촌박물관)

북촌박물관 옆에 세워진 손병희 집터 표석

3·1운동의 민족대표 33인의 한 사람이자 이를 이끈 천도교 제3대 교조 의암(義菴) 손병희(孫秉熙). 손병희는 충북 청주에서 태어났다. 1882년 고종 19년에 동학(東學)에 입교하였고, 1894년 동학농민전쟁때 통령(統領)으로 북접(北接)의 10만 농민군을 이끌고 남접(南接)의 전봉준과 논산에서 합세하여 호남과 호서를 휩쓸고 북상하였으나 관군과 일본군에게 패했다. 최시형에게 의암이라는 도호를 받고 1897년 실질적인 제3대 교조로서 일을 맡게 되었다. 이후 일본과 중국 상해 등지로 망명하여 활동하며 여러 동지들과 함께 교세 재건에 노력하였고 새로운 문명과 학술을 교도들에게 배우게 하였다. 1904년 권동진·오세창 등과 진보회(進步會)를 조직하고, 이용구가 친일단체인 유신회와 합쳐 일진회를 만들자 즉시 귀국하여 이용구 등 친일분자 62명을 출교시켰다. 손병희는 1905년 12월 1일 동학을 천도교(天道教)로 개칭하였다. 그러면서 인내천(人乃天) 사상을 일깨웠다. 인내천 사상은 '자기 마음을 스스로 깨달으면 그 몸이 곧 하늘이고, 그 마음이 곧 하늘이다'라는 것이다. 이것은 사람의 몸과 마음이 하늘이라는 것으로 사람이 곧 하늘이라는 것이다. 천도교의 기본적인 사상은 동학단계에서부터의 인간존중과 평등사상이었다. 이와 같은 인간중심의 사상은 민중들의 호응을 불러일으키며 천도교 조직을 확장하는데 매우 중요한 요소가 되었다.

손병희는 일본 망명 중 민족혼을 일깨우고 독립정신을 함양시키는데 교육이 가장 중요함을 깨달았다. 보성학교와 동덕여자의숙을 돕고 보성학원과 동덕여자의숙을 인수하고 경영하였다. 교육사업을 벌이는 한편, 부설로 보성사 인쇄소를 운영하며 『천도교회월보』를 발간했다.

손병희는 1919년 민족대표 33인의 대표로 3·1운동을 이끌었고, 독립운동은 대중화해야 하고, 일원화해야 하며, 비폭력으로 진행하여야 함을 강조했다. 이 같은 3대 원칙하에 권동진·오세창·최린·정광조 등에게 구체적 방법과 진행은 일임하였다. 1919년 3월 1일 민족대표들과 독립선언식을 거행하고 스스로 일제 경찰에 체포되어 1920년 징역 3년형을 받았다. 서대문형무소에서 복역하던 그는 1년 8개월 만에 병보석으로 풀려나 상춘원

(常春園)에서 치료하였으나 1922년 순국했다. 그의 삶과 천도교를 통해서 우리가 배울 수 있는 것은 인간에게 가장 소중한 것은 '자유'와 '평등'이라는 가르침이었을 것이다.

민족대표 중 또 한명 불교계를 대표하며 우리 가슴 속에 영원한 '님의 침묵'을 안긴 이가 있다. 만해(萬海, 卍海) 한용운(韓龍雲)이다. 북촌의 아름다운 한옥 골목길에는 자그마한 한옥 '유심사(惟心社)'가 있다. 바로 3·1운동 당시 한용운이 머무르며 불교잡지 『유심(惟心)』을 발행하던 곳으로, 불교계 독립운동의 주요 거점이다. 손병희의 독립운동 일원화에 따라 1919년 2월 24일 천도교 측과 기독교 측 사이의 연합이 성사되었다. 이후 천도교의 최린은 유심사로 한용운을 찾아와 독립운동 거사 계획을 설명하고 불교계의 참여를 확약 받았다. 이후 한용운은 백용성 등과 불교계를 대표하며 3·1운동에 참여했다. 거사 전 2월 28일 밤 중앙학림 학생 신상완·백성욱·오택언·김법린·박민오 등을 유심사로 불러 각처에 배포할 독립선언서 3천매를 전달하며 만세시위가 전국으로 확산되게 하였다.

유심사

한용운은 충남 홍성에서 태어났다. 어려서 한학을 배웠고, 16세에 동학동민전쟁에도 참여했다. 1896년 설악산 오세암(五歲庵)으로 들어갔다가 절의 일을 거들며 출가하여 승려가 되었다. 불교의 기초지식을 섭렵하면서 선(禪)을 닦았고, 이후 다른 세계에 대한 관심이 깊은 나머지 블라디보스톡 등 시베리아와 만주 등을 여행하였다. 1905년 재입산하여 설악산 백담사(百潭寺)에서 연곡(連谷)을 은사로 하여 정식으로 득도(得度)하였다. 불교의 대중화에 노력하며 1910년 불교의 유신을 주장하는 『조선불교유신론』을 저술하였다. 1908년 5월부터 약 6개월간 일본을 방문, 주로 도쿄(東京)와 교토(京都)를 중심으로 새로운 문물을 익히고, 일본의 풍물을 몸소 체험하였다. 일본 여행 중에 3·1독립운동 때의 동지가 된 최린 등과 교유하였다. 1910년 한일병합이 되면서 중국으로 갔다. 이곳에서 만주지방 여러 곳에 있던 우리 독립군의 훈련장을 순방하며 그들에게 독립정신과 민족혼을 심어주는 일에 전력하였다. 국내로 돌아와 1918년 월간 『유심』이라는 불교잡지를 간행하였다. 그리고는 3·1운동의 불교계 대표로서, 민족대표 33인의 한 사람으로 체포되어 3년형을 선고받고 복역했다. 1926년 기념비적인 시집 「님의 침묵」을 발표하고, 이듬해 신간회에 가입, 중앙집행위원과 경성지회장을 겸했다. 1935년 첫 장편소설 「흑풍(黑風)」을 『조선일보』에 연재하고, 1937년 불교관계 항일단체인 '만당사건(卍黨事件)'의 배후자로 검거되기도 했다. 그 후에도 불교의 혁신운동과 작품활동을 계속하다가 1944년 6월 29일 성북동의 심우장(尋牛莊)에서 중풍으로 별세하였다. 그는 한 줌의 재가 되어 다비된 뒤 망우리 공동묘지에 안치되었다.

북촌을 벗어나 아랫 동네인 인사동 쪽으로 걸음을 옮겨본다. 안국역에서 낙원상가 방향으로 흥선대원군의 거처 운현궁을 마주하고 수운회관이 보인다. 수운회관 안쪽에 천도교 중앙대교당의 붉은 벽돌 건물이 자리하고 있다.

천도교 수운회관   천도교 중앙대교당

천도교 중앙대교당은 1919년 7월 착공하여 1921년 2월에 준공된 건물이다. 조선 민중의 힘으로만 지은 건물 중 최대건물이다. 이곳에서는 기도회만이 열린 것이 아니라 천도교 사회운동 단체였던 천도교청년당·천도교소년회·학생회·사월회·내수단·조선농민사·개벽사 등이 입주하여 활동하며 항일민족운동의 요람이 되었다.

천도교는 3·1운동을 이끌 가장 큰 조직력과 재력을 가지고 있었다. 그 중 경제적 부분은 바로 성미(誠米)를 통해 이루어졌다. 천도교에 입교하게 되면 반드시 기본적으로 지켜야할 신도들의 생활준칙이 있다. 그것은 오관(五款)이라는 것으로 주문(呪文)·청수(淸水)·시일(侍日)·성미(誠米)·기도(祈禱)를 말한다. 이중 성미는 천도교를 운영하는 기본 재정제도이자 신도들의 종교적 신념의 표현이었다. 신도들의 성미가 모여 중앙과 지방의 교구들이 운영되었고, 중앙대교당도 성미의 힘으로 건설되었다. 성미는 아침과 저녁 밥쌀에서 한 사람 한 숟갈씩 떠서 모아두었다가 매 월말에 교회에 내는 것을 말한다. 이 성미는 매월 내는 월성(月誠)과 일년에 두 번 내는 년성(年誠)의 두 가지로 천도교는 전체 교인으로부터 받은 성미로 교단사업을 진행했다. 성미제는 1905년 손병희가 일진회를 분리시키고 천도교를 선포하고 난 뒤 그 동안의 교회재산이 모두 일진회 수중으로 넘어가 버렸기 때문에 시작되었다. 천도교는 재정난 해결을 위해 1907년부터 성미제를 실시했다가 일제의 간섭으로 한때 폐지된 뒤 다시 1914년 3월부터 무기명으로 성미제를 실시하였다.

일제는 천도교의 성미가 독립운동자금으로 유입된다는 것을 파악하고 3·1운동이 일어나자마자 관련자를 체포하고 당시 120만원이나 되는 거대한 금액을 압수하였다. 이렇듯 성미제는 천도교를 운영하는 자금이기도 했지만 3·1운동을 주도해 갈 수 있었던 경비의 원천이기도 했다.

천도교 중앙대교당을 돌아 인사동 거리를 가로질러 나와 조계사로 향한다. 조계사는 서울 도심 한가운데 위치한 유일한 전통사찰이다. 1910년 각황사로 창건된 포교당이었다가 1937년 현재의 위치로 옮겨 태고사라 하였다. 해방 이후 1954년 불교 정화운동이 일어나고 조계사로 바뀌었다. 조계사는 한국불교를 대표하는 조계종의 총본산으로 대중과 더불어 사는 세상을 추구하는 대승의 보살정신이 살아 숨 쉬는 공간이다. 바로 이곳 조계사 앞마당 쪽에 천도교에서 운영하였던 보성사(普成社)가 있었다.

보성사 터(현 조계사 대웅전 앞마당)

보성사는 이용익이 1906년 보성중학교를 설립하면서 교재출판을 위해 학교 구내에 설치했던 인쇄소였다. 하지만 재정난으로 1910년 천도교로 경영권이 넘어가 최린이 보성고보의 교장을 맡고 이종일이 보성사 사장을 맡아 운영했다. 이곳 보성사에서는 1919년 2월 27일 독립선언서 2만 1천장이 인쇄되어 전국으로 배포되었고, 3월 1일에는 천도교 월보사 주필 이종린의 주관 하에 독립선언에 호응하여 궐기할 것을 촉구한 『조선독립신문』 제1호(발행인 윤일선)를 찍어낸 역사적인 곳이었다. 조선독립의 숨결을 느끼며 부처에게 합장하고 나오면 바로 옆에 우리나라 최초의 우체국인 팔작지붕 건물의 우정총국이 있다. 1884년 12월 4일 우정총국 낙성식 축하연이 열렸을 때 근대 개혁을 부르짖었던 개화파들의 3일천하로 끝난 갑신정변의 역사가 서린 곳이기도 하다. 개화파들이 외쳤던 것은 외세의 자주권 침해와 침략에 대한 저항과 독립으로 자주적 근대화를 이루고자 했던 발로가 아니었을까?

민족 대표와 젊은 그들, 불길을 지피다

현재 종로구 인사동 네거리 서남쪽에는 커다란 태화빌딩이 자리 잡고 있다. 이름에서 느끼듯 이곳은 1919년 3월 1일 민족대표들이 모여 독립선언식을 거행했던 태화관이 있던 자리다. 태화빌딩 옆에는 '삼일독립선언유적지' 표지석이 서 있다. 3·1운동으로 가장 많이 알려진 삽화가 태화관에 모인 민족대표들의 모습이다. 1919년 3월 1일 오후 2시 독립선언서에 서명한 33인 가운데 29명이 당시 요리집이었던 태화관에 둘러 앉았다. 한용운의 선창으로 '대한독립만세'를 부른 민족대표들은 일제 경찰에게 자수했다. 그리고 그들은 조용히 일제 경찰에 연행되었다. 폭력적 시위가 아닌 비폭력적 행동으로 소리 없이 대한독립의 의지를 강하게 전하던 순간이었다.

태화관 터(현 태화빌딩)

태화빌딩 입구 앞에 세워져 있는 삼일독립선언 유적지 표지석

　　태화관 터는 원래 인조가 왕위에 오르기 전 어린 시절을 보냈던 곳이고, 이후 안동 김씨 김홍근의 저택으로, 헌종의 후궁 경빈 김씨의 순화궁으로 바뀌었던 곳이었다. 일제 강점기에 들어서면서는 이윤용과 이완용 형제가 번갈아 살았던 곳이기도 했다. 그 뒤 요리집 명월관의 분점 태화관으로 자리 잡았고, 3·1운동이라는 거사의 장소가 되었다. 현재 태화빌딩은 태화기독교사회복지관으로 사용하고 있다.

태화빌딩 앞의 충정공 민영환 자결 기념조형물　　　태화빌딩 앞의 순화궁 터 표지석

　　태화관에서의 조용한 독립선언식을 알지 못했던 탑골공원의 청년들과 시민들은 민족대표들을 기다렸다. 그러던 중 기다리다 못한 청년이 '대한독립선언서'를 낭독하고, 대한독립의 불길은 점화되었다.

　　청년의 독립선언서가 낭독되자 탑골공원에 모여 있던 군중들은 하나 둘 태극기를 펼쳐 흔들며 대한독립만세를 외쳤다. 탑골공원에서 시작된 만세운동은 종로 일대로 확대되었고 전국으로 확산되었다. 탑골공원은 대한제국기에 만들어진 서울 최초의 근대식 공원이다. 이 곳에는 원래 조선 태종 때 세워진 사찰 원각사가 있었다. 지금도 공원 안에는 국보 제2호로 지정되어 있는 '원각사지십층석탑'이 유리벽 안에 잘 보존되어 있다. 이곳을 파고다공원이라 부르는 이유도 탑이 있는 공원이라는 뜻이다. 현재 탑골공원을 들어가고자 하면 먼저 삼일문을 통과한다. 그리고 좌측편에 3·1운동 기념탑이 있고, 이어지는 담장에는 3·1운동의 전개과정을 보여주는 부조가 조각되어 있다. 삼일문을 통과하여 정면에 마주하는 것이 의암 손병희 동상이다. 또한 만해 한용운의 시비도 있다. 역사적 공간에서 역사적 인물들을 만나게 되는 것이다.

탑골공원 삼일문

탑골공원의 독립선언서

탑골공원에 세워진 의암 손병희 동상

탑골공원의 3·1운동 부조

탑골공원을 나와 인사동 거리를 지나 종로의 중심 보신각에 멈춰 선다. 당시 서울의
중심은 종로 거리이다. 바로 이 중심 거리가 1919년 3·1운동이 시작된 지점인 것이다. 당

시 보신각의 종소리와 대한독립만세의 함성 소리가 천지를 진동시켰다. 보신각은 3월 1일의 만세함성을 시작으로 3월 5일 학생시위가 대대적으로 일어났을 때도 집결 장소가 되었고 독립연설회가 개최되었다. 또한 3월 9일부터 상인들의 철시투쟁이 벌어진 중심도 이곳이며, 4월 23일 임시정부였던 한성정부의 수립을 위한 국민대회가 벌어져 13도 대표 25명의 명의로 '한성정부'가 선포된 곳이었다.

종로 거리와 보신각

3·1운동이 시작되자 학생 중심의 만세운동이 치열하게 벌어지기 시작했다. 당시 중앙 YMCA 학생들이 중심이 되어 활동했던 또 다른 독립운동의 진원지가 중앙YMCA 회관 이었다. 중앙YMCA 간사 박희도가 회원모집을 명목으로 내세워 서울시내의 전문학교 학생대표들을 불러모아 독립운동을 모의하였다. 이곳은 지금 서울YMCA로 이어져 내려오고 있다. 비록 옛 건물은 민족상잔의 비극 한국전쟁 때 불타 없어졌지만 1960년대 새로 지은 건물이 그 명맥을 잇고 있다.

중앙 YMCA

　서울에서 학생들의 만세운동이 가장 대대적으로 촉발된 것은 3월 5일 남대문역 앞
에서 벌어진 만세운동이었다. 지금은 서울역 광장이다. 학생대표가 '조선독립'이라는 깃
발을 휘두르자 모여 있던 학생들뿐만아니라 광장을 오가던 시민들도 대거 참여하면서
만세운동은 확산되었다. 남대문역 광장에 모인 군중은 수만을 헤아렸다. 학생단 대표로
연희전문학교의 김원벽과 보성법률상업학교의 강기덕이 인력거를 타고 '조선독립'이라
크게 쓴 기를 휘두르며 달려와 제2차 독립시위운동을 벌일 것을 선언했고, 군중들은 일
제히 독립만세를 부르며 환호했다. 선두에 선 김원벽과 강기덕의 지휘에 따라 남대문 방
향으로 만세를 부르며 시가행진을 시작하면서 만세군중들은 더욱 늘어났다. 이에 긴급
히 출동한 일제 경찰들이 김원벽과 강기덕 등을 체포하고 강경 진압을 하면서 만세군중
들은 흩어졌다. 하지만 시위는 계속 이어져 대한문 앞에서는 약 1만 명이 만세운동을 벌
이고, 보신각 앞에서는 흩어졌던 시위대가 집결하여 만세운동을 이어나갔다.
　서울역은 1900년 7월 경인선이 개통되면서 생겼다. 남대문역으로 한때 경성역으로
불리다가 서울역으로 개칭했다. 남대문역은 1900년 7월 경인선 개통 당시 종착역인 서

대문역 사이에 지어진 조그만 간이역이었다. 그러다가 1905년 경부선, 1906년 경의선에 이어 1914년 경원선까지 개통되자 일제는 1915년 새롭게 역사를 건축하였다. 1919년 서대문역이 폐지되고 1923년 1월 남대문역에서 경성역으로 변경되면서 서울의 관문역할을 하게 되었다. 지금 남아 있는 서울역 건물은 1922년 6월에 착공하여 1925년 9월 완공한 것이다. 서울역은 2004년 1월 민자역사가 새로 지어지기까지 경부선과 경의선 등의 주요 열차의 출발과 종착역이었다. 일본인 건축가가 설계하여 르네상스 양식의 모습을 한 붉은 벽돌 청사는 일본 동경의 동경역사와 오버랩 된다. 현재 옛 서울역사는 '문화역 서울 284'라는 새로운 이름을 얻어 문화공간으로 활용되고 있다.

구 서울역(현 문화역 서울 284)

서울역 광장

오른손에 수류탄을 쥐고 있는 왈우 강우규 의사 동상

    옛 서울역 광장에서 지난 100년전의 만세함성에 귀를 기울이다 문득 역사를 바라보면 그 앞에 압도적으로 시야에 들어오는 강우규 열사의 동상이 우뚝서있다. 강우규(姜宇奎)는 평안남도 덕천 출생으로, 나라를 빼앗긴 후 1911년 북간도로 망명해 연해주를 넘나들며 많은 애국지사들과 교류하였다. 1919년 3·1운동이 일어나자 64세의 나이로 연해주 블라디보스토크로 건너가 노인동맹단에 가입하였다. 그리고 조선총독을 주살할 계획을 세워 폭탄 한 개를 구입해 국내로 잠입하였다. 1919년 9월 2일 오후 5시경 부임을 위해 남대문역 광장에서 부인과 함께 상두마차에 오르는 사이토 마코토[齋藤實] 신임총독을 향해 주저 없이 폭탄을 던졌다. 폭탄의 위력이 강하지 못해 총독을 주살하는 데는 실패했다. 거사 뒤 현장에서 빠져나와 다음의 거사를 다시 모색하던 중 9월 17일 일제 경찰에 체포되어 사형선고를 받고 1920년 11월 29일 서대문감옥에서 순국하였다. 강우규 열사의 노익장을 과시했던 독립운동의 행보는 러시아 연해주 고려인문화센터 한켠에서도 기억되고 있다. 옛 서울역 광장에 세워져 있는 노인의 모습은 이 땅의 젊은이들에게 준엄한 가르침을 주고 있는 듯하다.

대한제국의 황제 고종, 대한문 앞 서러운 망곡례

1919년 1월 21일 대한제국의 황제 고종이 서거했다. 수많은 조선의 백성들이 대한문 앞에서 통곡했다. 그 통곡 소리는 대한독립만세로 이어졌다. 1919년 3월 3일 고종의 인산일 전 만세운동이 일어났고, 대한문 앞은 대한독립의 물결을 이루었다.

덕수궁 대한문

대한문은 덕수궁의 정문이다. 덕수궁은 임진왜란 때 궁궐이 모두 불타서 월산대군의 집을 행궁으로 삼아 선조가 거처하게 된 행궁이었다. 1611년(광해군 3)에 '경운궁(慶運

宮)'이라 하였다. 원래의 정문은 인화문(仁化門)이었으나, 1904년 화재로 궁전의 거의 모든 건물이 불타 1904년에서 1906년 다시 지으면서 동쪽에 있던 대안문(大安門)을 수리하고 이름도 대한문(大漢門)으로 고쳐 정문으로 삼았다. 일제가 1914년 도로를 건설한다는 이유로 문 오른쪽에 있던 건물 및 담장을 파괴하였고, 이때 대한문도 궁 안쪽으로 옮겨졌다. 해방이후 도시계획으로 1970년에 다시 옮겨져 현재의 위치가 되었다.

덕수궁 석조전

덕수궁은 고종황제가 1907년 일제의 강압으로 순종황제에게 황위를 넘겨준 이후에도 1919년 승하할 때까지 머물던 공간이다. 이때 경운궁을 고종의 장수를 빌면서 덕수궁(德壽宮)으로 이름을 바꾸었던 곳인데, 고종황제의 갑작스런 죽음을 맞이하였다. 고종황제의 죽음은 독살설의 의혹을 불러일으키며 3·1운동을 촉발시켰다.

대한문 앞의 곡성을 따라 덕수궁 안으로 들어가면 1910년에 서양식으로 만들어진 석조건물인 석조전(石造殿)을 만난다. 많은 역사적 사건을 겪은 석조전은 해방 이후 미소공동위원회가 열려 한반도 문제가 논의되었고, 1947년 국제연합한국위원회가 이 자리에 들어오게 되었다. 현재는 일반인에게 공개되어 궁궐 체험이 이루어지고 있다. 귀에 익숙한 노랫말처럼 덕수궁 돌담길은 사랑의 추억이 있는 한 장소이기도 하다. 그러나 지난 100년 전을 생각하면 고종황제가 거쳐했던 함녕전, 1907년 7월 20일 고종황제의 양위식이 이루어졌던 중화전, 1905년 11월 18일 새벽 일본이 한국외교권을 빼앗기 위해 고종황제와 대신들을 협박하여 '을사늑약'을 체결했던 중명전의 모습들은 빼앗긴 나라의 백성들 가슴을 사무치게 한다.

덕수궁 함녕전

덕수궁 중화전

덕수궁 정관헌

정관헌 베란다 전통 문양

굴하지 않는 옥중의 피맺힘과 선혈의 붉은 벽돌

서대문형무소에는 여옥사 8호 감방이 있다. 우리의 영원한 누나 유관순이 갇혀 있던 감방이다. 1918년부터 1970년까지 사용하다가 철거되었던 것을 1990년 발굴을 통해 2009년 원형을 복원하고 2013년 여성독립운동가 전시관으로 개관하여 지금은 자랑스러운 여성독립운동가들의 활동을 알리고 있다. 여옥사에는 8호 감방에 수감되었던 유관순, 어윤희, 권애라, 신관빈, 심영식, 임명애, 김향화 등의 여성독립운동가들의 숨결이 남아있다. 일제의 식민지하에서 여성들은 민족차별과 성차별의 이중적 차별을 받았다. 여성들은 독립운동을 통하여 여성해방을 부르 짖었고, 이들은 학생, 간호사, 농민, 여공, 행상, 점원, 전도사, 교원 등 각계각층에서 활동하고 있던 평범한 사람들이었다. 여성독립운동가들은 3·1운동, 근우회 활동, 광주학생운동, 의열단 활동, 노동운동, 학생운동, 사회운동, 조선공산당 재건운동, 국가총동원법 거부 투쟁 등을 전개하며 조국의 독립을 염원하였다.

서대문형무소 여옥사

독방에 갇혀 있는 여성독립운동가 모형

여옥사 8호 감방의 여성독립운동가들

서대문형무소 고문취조실

　여옥사 8호 감방에서 만나는 3·1운동의 주역들, 1919년 4월 1일 천안 아우내 장터에서 만세운동을 주도하다 공주감옥에 수감되었고 1919년 8월 서대문형무소로 이감되었던 유관순, 1919년 2월 권애라로부터 독립선언서 80여매를 받아 개성지역 주요인사에게 배포하고, 3월 1일 독립만세운동을 전개했던 어윤희, 어윤희에게 독립선언서를 넘겨주었고, 3·1운동 이후에도 애국사상 고취를 위한 강연회와 1922년 1월 모스크바 극동 이민대표회의 한민족 여성대표로 참가했던 권애라, 호수돈 여고 사람이자 전도사였던 어윤희, 권애라와 함께 만세를 외쳤던 신관빈, 1919년 3월 10일과 26일 경기도 파주 와석에서 김수덕, 김선명, 염규호 등과 격문을 배포하고 700여명을 모아 독립만세 운동을 주도했던 임명애, 1919년 3월 29일 수원기생 30여명을 이끌고 수원 자혜의원과 경찰서 앞에서 태극기를 흔들며 만세를 외쳤던 김향화, 이들은 조국 독립의 동지들이자 암울했던 시대를 빛으로 이끌었던 여성들이었다.

　서대문형무소는 3·1운동 당시 만세운동을 벌였던 1,600여명을 수감했던 곳이다. 우리는 서대문형무소에서 앞에서 얘기한 유관순 열사뿐만 아니라 의병장 이강년, 허위, 이인영과 강우규 의사 등 수많은 애국지사들의 순국에 잠시 말을 잇지 못한다.

서대문형무소 입구

　　서대문형무소는 대한제국 사법권이 일본으로 넘어간 뒤인 1908년 10월 21일 일본인 건축가 시텐노 가즈마[四天王數馬]가 설계하여 독립문 근처 금계동(金鷄洞, 靈泉) 구한말 전옥서(典獄署) 자리에 '경성감옥'으로 세워졌다. 신축 감옥은 480평 규모의 감방과 80평 정도의 부속 시설에 수감인원이 500여 명 정도였고 이후 여러 차례 증축되었다. 마포 공덕동에 또 다른 감옥이 지어지면서 1912년 9월 서대문감옥으로, 1923년 5월 서대문형무소로 다시 이름을 바꾸었다. 서대문형무소는 해방을 맞이할 때까지 수없이 많은 독립운동가들을 투옥했던 곳이다. 형장의 이슬로 사라져간 독립운동가와 모진 고문 속에 풀려나와 숨을 거두거나 불구가 된 많은 독립운동가들의 원한이 서린 곳이다.

서대문형무소 건물 외벽의 대형 태극기

서대문형무소는 해방 이후 1945년 11월 서울형무소로, 1961년 12월 서울교도소로, 1967년 7월 서울구치소로 바뀌었다. 그리고 1987년 11월 구치소가 경기도 의왕시로 옮겨간 뒤 1992년 8월 15일에 '서대문독립공원'으로 개원하였다. 1995년부터 서대문구에서 사적지 성역화사업을 시작하여 새롭게 단장하고, 1998년 11월 '서대문형무소역사관'으로 개관하였다.

서대문형무소의 길게 뻗어 있는 붉은 담장

지금의 서대문형무소역사관은 많은 사람들에게 당시 독립운동가들의 수감생활과 고문과 탄압의 수난, 옥사와 사형장, 중앙사, 공작사, 시구문 등의 모습 등을 알려주고 있다. 전시관에서 독립운동 탄압과 서대문형무소의 역사를 둘러보고, 지하고문실에서 독립운동가들의 고통을 느껴본다. 상설전시관과 옥사를 돌아 나와 대형 태극기를 마주한다. 붉은 벽돌에 펼쳐진 대형 태극기가 유난히 더 하얗게 빛나고 있다. 하지만 잠시 발걸음을 더 옮기다 보면 사형장을 마주한다. 얼마나 많은 독립운동가들이 이곳에서 형장의 이슬로 사라졌던가. 그리고 다 죽어가며 신음하는, 이미 죽어버린 시신을 몰래 버렸던 시구문의 어둠은 가슴을 먹먹하게 할 따름이다. 그 밑에 복원해 놓은 격벽장의 붉은 벽돌

은 서로 얼굴도 마주하지 못하고 체온도 느낄 수 없는 암울함만을 전해 준다. 뮤지엄샵
으로 이용하고 있는 취사장을 지나 야외에 전시된 당시의 건축 부재들을 보면서 발걸음
은 이미 무겁다. 다시 형무소 밖으로 나와 붉은색 높은 담장에 기대어 보면, 따사로운 햇
빛이 붉은 벽돌에 묻어 있는 순국선열들의 영혼을 어루만지는 듯하다.

서대문형무소 감방

서대문형무소의 수많은 독립운동가들 수형카드

서대문형무소 사형장의 올가미

서대문형무소 시구문

서대문형무소를 찾아가다 보면 길 위에서 먼저 독립문(獨立門)을 맞이한다. 독립문은 프랑스 파리의 개선문을 본 따 만든 자주독립의 상징이다. 1898년 독립협회가 중국 명나라 사신을 맞이하던 영은문(迎恩門)을 헐어버리고 그 자리에 세워 현판석에 한글과 한자로 독립문이라 쓰고 태극기를 새겨 넣었다. 지금의 자리는 1979년 성산대로 공사때 원래의 위치에서 서북쪽으로 70m 떨어진 지점으로 옮겨놓은 것이다. 서대문독립공원으로 조성된 이곳은 독립협회를 결성하고 독립신문을 발간했던 서재필(徐載弼) 동상이 세워져 있다. 또한 독립관을 만들어 놓았고 서대문형무소 방향 쪽에는 3·1독립선언 기념탑이 세워져 있다. 자주민권과 자강운동으로 자주독립의 결의를 다지며 민족의 기금으로 세워진 독립문, 중국의 사대외교로부터 벗어나 자주독립을 보여주고자 했던 것이 일제강점기를 버티고 오늘에 이른다. 진정한 일본제국으로부터의 독립도 담아두고 있었을 것이다. 이 땅에 진정한 자주독립을 그리워 해 본다.

독립문

서대문독립공원 3 · 1독립선언기념탑

국부를 향한 그리움,
우리도 조선 백성
이외다.

용두각에서 시작된 만세운동

'수원(水原)'하면 오늘날 많은 사람들은 세계문화유산 '화성(華城)'을 먼저 떠 올린다. 1789년 읍치이전을 시작으로 화성행궁이 만들어지기 시작하면서 조선 후기의 역량이 총 집결되어 최고의 계획 도시 '화성'이 탄생했다. '화성'은 새로운 도시의 출발을 의미한다. '효원의 도시', '농업연구의 도시', '개혁의 도시', '백성을 위한 도시'는 역사문화도시 수원의 정체성이다. 오늘날 많은 여행객들은 세계문화유산 '화성'의 참뜻을 살피기 위해 수원을 찾는다.

조선후기의 르네상스 시대를 대표하는 문화유산인 '화성'에는 기쁨과 슬픔이 공존하고 희망이 존재한다. 나라를 빼앗겼던 식민지 시절 최대의 항일유적지가 '화성'을 배경으로 하고 있다. 그것을 사람들은 잘 알지 못한다. 역사와 문화는 단절된 것이 아니다. 시대의 발 빠른 흐름 속에서 때로는 즐겁게 웃고, 때로는 슬픔에 잠기기도 하고, 때로는

팔달산 서장대에서 바라 본 화성행궁과 수원화성 성내

새로운 희망을 노래하기도 한다.

　수원의 '화성'은 나라를 빼앗겼던 시절 젊은 청년들이 새로운 시대를 꿈꿨던 상징적 장소였다. 더불어 지역 유지와 농민, 상인, 노동자, 학생, 기생 등 누구나 할 것 없이 '대한 독립만세'를 외쳤던 3·1운동의 역사적 공간이다. 3·1운동은 일제강점기 우리 민족 최대의 민족해방운동이었다.

　3월이면 날씨가 제법 쌀쌀하다. 푸른 새싹이 살짝 머리를 내미는 계절이다. 찬 바람에 외투 깃을 곧추세우고 화성 성곽에 발길을 옮기다 보면 아름다운 경치를 마주하게 된다. 화성에서 가장 아름답다고 불리는 공간인 방화수류정. 정조대왕이 동북각루인 방화수류정에 올라 술 한 잔 기울이며 활시위를 당겼던 곳이다. 수원천을 가로지른 화성의 북수문인 화홍문의 수문에서 일곱 빛깔 무지개가 쏟아진다. 그 옆에 우뚝 솟은 용머리 바위(龍頭巖) 위에 지어진 것이 방화수류정이다. 평상시에는 휴게 공간으로, 전쟁이 일어나면 군사지휘소의 기능을 갖춘 동북각루다. 가만히 꽃을 찾고 버드나무를 따라 노닌다는 '방화수류정(訪花隨柳亭)'의 의미를 다르게 되새겨 본다.

'꽃은 독립이요, 버드나무는 조선의 민중이라'

정자에 올라 보면 용연(龍淵)의 푸른 물결 속 동심원에 잠시 잊고 있었던 독립의 희망이 퍼져나간다.

달빛과 야간조명이 어우러진 방화수류정과 용연

1919년 3월 1일 서울 탑골 공원의 '대한독립만세' 함성은 그날 저녁 수원으로 이어졌다. 수원지역의 만세운동은 방화수류정(일명 용두각) 아래에서 시작되었다. 천도교 중앙

교구에서 활발한 활동을 하며 3·1운동 당시 독립선언서를 배포하던 역할과 수원대교구와의 연락책이었던 이병헌이 1959년 남긴 『3·1운동비사』(시사시보사출판국)에 그 기록이 남아있다.

"수원 - 3월 1일 북문안 용두각(화홍문)에 수백명이 모였는데 경찰이 이곳에 무슨일로 모였느냐고 하면서 집으로 돌아가라고 하니 군중은 이리 저리 피하는척 하다가 별안간 만세를 부르자 순사는 깜짝놀라 경찰서로 달려가 버렸다. 만세소리를 듣고 각처에서 모여든 군중이 수천명이었다."

해방 이후 수원3·1동지회와 향토사학자들은 생존지사들과 고로들의 증언을 바탕으로 수원의 3·1운동이 3월 1일 저녁 용두각 아래에 수백명이 모여 횃불시위를 전개했다고 전하고 있다. 용두각 아래에 모인 수백 명은 종교인·지식인·청년 학생·상인·농민 등 당시 수원면의 화성 성안밖에 거주하던 지역민들이었다. 이날의 만세운동은 김세환(金世煥)의 지시로 김노적(金露積), 박선태(朴善泰), 임순남(林順男), 최문순(崔文順), 이종상(李鍾祥), 김석호(金錫浩), 김병갑(金秉甲), 이희경(李熙景), 신용준(愼用俊), 이선경(李善卿) 등의 기독교도와 학생들이 중심이 되었다. 대부분이 수원에서 나고 자라 서울로 유학을 다니며 공부했던 지식 청년들이었다.

그들을 지도했던 김세환은 기독교측 대표로 민족대표 48인 중의 한명이었다. 그는 수원군 수원면 남수리(南水里) 출생으로 당시 삼일여학교 교사로 재직하고 있었다. 김세환은 3월 1일에 서울에 올라가 있었다. 수원 만세운동에 참여하지는 못했지만 청년학생들의 정신적 버팀목 이었다. 일제경찰에게 체포된 후에도 당당하게 독립운동에 가담한 사실을 밝혔다. 그는 경기도와 충청도 지역의 만세운동 책임자였다. 일제에게 풀려난 후 신간회 수원지회장, 수원체육회장 등으로 활동하면서 수원의 사회운동과 교육운동을 이끌었다.

수원 종로교회

　　용두각 아래의 만세운동은 수원상업강습소(水原商業講習所) 교사 김노적이 중심적인 활동을 했다. 3·1운동 주도자로 검거된 후 일제의 고문과 구타로 머리 한쪽이 함몰되고 왼쪽 손목이 으깨졌다. 하지만 3·1운동 이후에도 신간회 수원지회장을 역임하는 등 사회운동을 펴나갔다. 화성학원과 삼일학교에서는 후진양성과 민족의식 고취에 노력하였다. 김노적에게는 훈장 대신 으깨진 손을 주머니에 감추고 찍은 사진 한 장만이 남았다. 해방 이후 독립된 조국에서 그는 당시의 재판기록이 없다는 이유로 아직도 독립운동가로 인정받지 못하고 있다. 다시 생각해보면 얼마나 많은 독립운동가들이 당시의 자료가 확인이 안 된다는 이유로 아직도 구천을 떠돌고 있음을 돌이켜본다.

　　방화수류정 아래에서 그날의 함성을 떠올리다 보면, 지금은 없어졌지만 북수리에 당시 천도교의 수원대교구 사무실이 있었다. 3·1운동을 이끌었던 천도교의 역할을 볼 때 천도교 수원대교구의 직접적인 기록은 남아있지 않지만, 이미 교구 10개를 관할하고 수원지역에서 가장 큰 종교조직이었던 천도교 수원대교구의 활동을 그냥 무시할 수는 없다. 용두각 바로 아래 천도교 수원대교구가 있었고, 기독교의 종로교회가 나란히 있었다. 3·1운동 당시 천도교인과 기독교인들은 너나 할 것 없는 수원 사람들로 대한독립의 기치를 함께 드높였을 것이다. 수원의 3·1운동이 3월 1일 방화수류정에서 시작되었다는 기록이 천도교인이었던 이병헌의 『3·1운동 비사』에 남아있는 연유이기도 하다.

노블리스 오블리주의 실천가이자 독립운동가 필동 임면수

방화수류정에서 흐르고 있는 수원천을 따라 내려오다 보면 중고등 학생들의 재잘거림이 정겹다. 당시 김세환이 재직한 삼일여학교는 현재 매향중학교이다. 화홍문과 매향교 중간에 위치한 학교는 우리나라 최초의 여성 유화가이자 여성해방론자인 나혜석이 1회로 졸업한 것으로 더 유명하다. 많은 선각자들을 배출한 민족적 전통을 가지고 있는 매향중학교, 매향여자정보고등학교, 삼일중학교가 100여년의 세월을 수원천과 함께 흐르고 있다.

현재 삼일중학교 교정 안에는 미국 아담스교회의 도움을 받아서 1923년 6월 25일 건립한 아담스기념관이 있다. 아담스기념관은 수원지방 감리사였던 목사 W.A 노블이 미국 아담스교회의 후원금을 기부 받아 미국 아담스교회 선교부에서 설계하고, 공사는 중국인 왕영덕이 맡아 지어졌다. 지하 1층에 지상 2층의 우진각 지붕의 빨간 벽돌 건물은 학생들의 도서관으로 이용되고 있고, 경기도기념물 제175호로 지정되어 있다.

1903년 삼일남학교의 설립과 아담스기념관 건립에는 민족운동가 필동(必東, 弼東) 임면수(林冕洙)가 관여하였다. 임면수는 먼저 여성교육을 위해 집터와 토지 과수원을 현 매향여자정보고등학교 부지로써 기부하였다. 그리고 삼일남학교 설립에 기여하였다.

1909년에는 삼일학교 교장을 역임하며 교육자로서 활동하였다. 그는 수원지역 국채보상운동을 주도하였으며, 기호흥학회 수원지부 평의원으로도 활동하였다. 1910년 일제에 의해 조선이 강점되자 독립운동 기지 건설을 위하여 1911년 만주 서간도 환인현 횡도천으로 망명하였다. 이후 신흥무관학교의 분교인 양성중학교(養成中學校) 교장으로 독립군 양성에 기여하였다. 1910년대 중반에는 부민단(扶民團) 결사대에 속하여 활동하였다. 3·1운동 이후 일제가 간도출병을 하자 통화현에서 해룡현으로 근거지를 옮겨 항일투쟁을 전개하던 중 체포되어 옥고를 치렀다. 감옥에서 풀려나 고향 수원으로 돌아왔고 아담스기념관의 건축 공사 감독을 맡아 지역 발전에 이바지했다. 하지만 끝내 해방을 맞이하지 못하고 1930년 11월 29일 56세로 순국하였다. 필동 임면수는 수원출신으로 만주에서 독립운동을 한 인물로 각별한 의미를 갖는다. 진정으로 고향 수원을 사랑하고 조국 독립을 꿈꿨던 노블리스 오블리주를 실천한 인물이다. 그것을 잊지 않고자 2015년 8월 15일 수원시민들은 한푼 두푼 모금을 통해 시청 앞 올림픽 공원에 그의 동상을 세워 그 뜻을 기리고 있다.

아담스 기념관(경기도 기념물 제175호)

필동 임면수 선생 동상(수원시청 앞 올림픽 공원)

구국의 희생, 다시 피는 꽃 이선경

수원지역 3·1운동의 횃불을 높이 치켜들었던 젊은 청년들은 조국 독립의 열망을 이어갔다. 이종상, 임순남, 최문순, 이선경, 박선태 등은 1920년 6월 20일 '구국민단(救國民團)'이라는 비밀결사를 조직하였다. 구국민단은 일본의 굴레를 벗어나 조선을 독립하고자 했고, 독립운동가들의 가족들을 돕는 것을 목적으로 활동했다. 여성 동지들인 임순남, 최문순, 이선경은 상해(上海)로 가서 임시정부의 간호부가 되어 독립운동을 도울 것을 맹세하기도 했다. 그러나 비밀활동이 일제에게 발각되어 모두 체포되었고, 모진 고문 끝에 징역살이를 했다. 이선경은 체포된 뒤 재판정에 참석하지 못할 정도로 몸이 망가졌다. 고문에 의해 재판정에도 서지 못한 채 판결을 받았다. 8개월의 옥살이 끝에 석방되어 고향에 돌아 왔다. 하지만 집으로 돌아 온 9일 뒤 싸늘한 주검이 되었다. 이선경은 꽃다운 나이 19살에 독립의 꿈을 이루지 못하고 순국하였다. 우리는 3·1운동하면 영원한 누나 '유관순'을 떠올린다. 대한독립을 그리며 일제의 총칼에 감옥에서 스러져간 18살 소녀 유관순은 수원의 이선경과 함께 기억될 것이다. 그리고 독립운동을 하다 수 없이 스러져간 무명의 유관순들이 있다는 것을 잊지 말자.

　수원천변을 따라 걷는 길에 수원화성박물관을 지나치면 옛 모습은 완전히 사라지고 새로운 모습으로 이름만을 간직한 매향교가 나온다. 나무다리로 만들어졌다가 돌다리로 변화했고, 지금은 콘크리트 다리가 되었다. 매향교를 건너 화성행궁 쪽으로 난 길이 종로이다. 정조대왕이 화성을 축성하고 종각을 만들어 성문을 열고 닫을 때 타종했던 곳이다. 이때 사용했던 종이 '팔달문 동종(경기도유형문화재 제69호)'이다. 2008년 종각은 '여민각(與民閣)'이라는 이름으로 복원되었다. 새롭게 만든 웅장한 종은 용주사 범종을 모델로 만들어져 수원시민들과 함께 매년 새로운 시작을 알리고 있다. 현재 '팔달문 동종'은 수원박물관에 전시되어 있다. '팔달문 동종'은 만의사 대종으로 만들어져 용주사에 옮겼다가 종각에 매달렸다. 하지만 나라를 빼앗겼을 때 정오를 알리고, 화재나 홍수가 났을 때는 위급시의 막종으로 사용되면서 팔달문에 매달렸으니 이 또한 역사의 아픔이다.

　만세의 함성이 시작되면서 많은 사람들이 조국 독립을 희망했다. 1919년 3월 16일 장날을 이용하여 팔달산 서장대와 동문 안 연무대에 수백명이 모여 만세를 부르며 종로를 통과하였다. 시위 군중들은 일제 경찰과 소방대, 헌병에 의해 강제 해산을 당했고, 주동자가 붙잡혀 갔다. 시내에서는 체포된 사람들의 석방을 요구하며 시장상인들이 가게 문을 닫고 철시투쟁을 벌였다. 상인들은 일본인들에게 직접적으로 상권을 침탈당하여 피해의식이 매우 컸다. 장날 시장과 읍내 곳곳에서는 산발적으로 만세운동이 지속되었다.

수원 화성장대(서장대)

수원화성 연무대(동장대)

일제 경찰서 앞에서 당당했던 그녀들 '수원의 의기(義妓)'

이젠 만세부른 수원기생 '김향화'를 많은 사람들이 알고 기억하고 있다.

'김향화(金香花)', 꽃향기 물씬 풍기는 기생의 이름이다. 모진 인생의 끝자락에 수원으

로 내려와 행복한 삶을 꿈꿨지만 결국은 수원기생이 되었다. 하지만 그녀는 천한 기생이 아니었다. 빼앗긴 조국의 상징이 우뚝 서있는 화성행궁을 바라보며 그녀는 슬피 울었다. '대한독립만세'의 슬픈 울음을 누구보다도 더 크게 울었다. 그리고 희망했다. 다시 바로서는 조선을, 더 이상 짓밟히지 않는 조선을.

수원기생 김향화(조선미인보감, 1918)

수원화성행궁 봉수당

일제는 3·1운동을 탄압하면서 기생들의 만세운동 보고에 '기생단', '기생독립단'이란 표현을 썼다. 그만큼 기생들의 만세운동은 일제 경찰도 놀라게 한 일이었고, 기생들은 집단적으로 행동하면서 만세를 불렀고 수많은 군중들을 이끌었다. 1918년 발행된 『조선미인보감』에 수원예기조합의 기생 33명이 실렸다. 바로 그 33명의 수원기생들이 만세운동의 주역들이다.

오늘날 수원에서 관광객들에게 인기가 가장 많은 곳은 1789년 읍치이전으로 건설된 화성행궁이다. 화성행궁은 임금이 행차했을 때 머물렀던 공간이었다. 평상시에는 화성유수부의 관아 건물이었는데 나라를 빼앗기고 난 뒤 하나 둘 파괴되며 수난을 겪었다.

화성행궁의 정전 건물은 봉수당(奉壽堂)이다. 봉수당에 들어서면 중앙에 일월오봉병(日月五峯屛)이 펼쳐진 앞에 어좌가 있고, 왼쪽 편에 혜경궁 홍씨의 잔칫상이 만들어져 있다. 일월오봉병에 그려진 하늘(天)과 땅(地) 앞에 임금(人)이 앉으면 천·지·인 삼재(三才)의 조화가 이루어진다. 우주와 인간세계의 기본 구성요소인 삼재를 소통하는 것은 사람이다. 그 사람의 자리에 임금이 앉는 것이니 봉수당의 어좌를 보면 임금이라는 자리가 얼마나 중한 것인지 새삼 절감한다. 봉수당은 정조대왕이 어머니 혜경궁 홍씨의 회갑연을 열면서 만수무강(萬壽無疆)하시라고 지은 이름이다. 1795년 윤2월 13일의 회갑연을 아름답게 장식했던 주인공들은 『원행을묘정리의궤』에 기록된 '여령(女伶)'들이다. 여령은 다름 아닌 궁중과 관아에 소속되어 있던 기생(官妓)들을 말한다.

기생(妓生)은 역사 속에서 천민이었지만 우리에겐 가까운 대중 연예인의 첫 출발점이기도 하다. 우리는 기생하면 천한 여성의 이미지를 먼저 떠올린다. 그 천한 이미지는 나라를 빼앗겼을 때 일제가 의도적으로 만든 것이다. 기생을 춤을 추며 노래를 부르고, 다른 사람을 위해 웃음을 흘리는 여성으로 폄하시켜 놓았다. 하지만 역사 속 다른 기억에 아름다움과 지성을 겸비한 황진이, 의기가 충만했던 논개 등이 떠오르기도 한다. 대중적 관심 속에 기생들을 다룬 드라마와 다큐멘터리, 영화, 출판물들이 많이 만들어졌다. 기생을 '해어화(解語花)'라고도 부른다. 해어화란 '말을 알아듣는 꽃'이라는 뜻으로 본래 미인을 가리키는 말이었다. 당나라 현종이 양귀비를 데리고 연꽃을 구경하다가 양귀비를 가리키며 주위에 있는 신하들에게 "연꽃이 어찌 나의 해어화만 하겠느냐?"고 하여 생긴

말이었다.

화성 축성의 대역사를 총 지휘했던 번암 채제공의 문집인 『번암집(樊巖集)』을 보면 화성 축성 당시 기생과 관련한 시문이 몇 편 남아있다. 채제공은 봉수당에서 혜경궁 홍씨 진찬연을 연습하는 기생을 바라보며 '춤을 추는 모습이 마치 꽃과 같이 아름답다'고 감탄하였다. 이렇듯 전통 사회의 풍류와 예악에서는 기생이 꽃과 같이 아름다워 빼놓을 수 없는 존재였다.

봉수당 진찬연을 빛냈던 너무나 아름다웠던 화성부의 기생들. 그녀들을 이끌었던 기생은 계섬(桂蟾)이었다. 계섬은 화성행궁 봉수당에서 진찬연이 열렸을 때 60세였다. 그녀는 혜경궁 홍씨의 회갑잔치에 동원된 기생들을 총 지휘하며 잔치의 시작을 알리는 노래를 불렀다. 이어 궁중무용(呈才) 헌선도(獻仙桃)가 시작되었다. 화성부에서는 계섬에게 가르침을 받은 기생들이 저마다의 아리따운 목소리와 모양새를 한껏 펼쳐 보이며 잔치를 흥겹게 하였다.

봉수당에서 조선 기생들의 풍류와 예악이 울려 퍼진 124년 뒤. 쓰러져가는 조선을 바라보며 의로운 수원기생들이 봉수당 앞에서 '대한독립만세'를 외치며 통곡했다. 수원기생들은 왕실 전통을 기억하며 일제강점기 누구보다도 고종임금이 돌아가심을 슬퍼했다. 그리고 나라를 빼앗긴 설움을 예를 갖추어 서럽게 토해냈다.

대한제국의 황제 고종이 1919년 1월 21일 승하했다. 조선총독부는 고종황제가 뇌일혈로 돌아갔다고 1월 22일 공식 발표했다. 하지만 조선 민중들에게 갑작스런 황제의 죽음은 받아들여지기 쉽지 않았다. 고종황제의 '독살설'이 빠르게 번져갔으며, 식민지 지배하의 민중들은 민족적 울분을 감출 수 없었다. 양반과 유생들의 주도하에 황제의 죽음을 추도하는 망곡제가 행해졌다. 많은 지방의 유생들과 조선의 백성들이 상경하여 망곡례를 행하였다. 서울과 지방의 기생들도 영업을 중단하고 근신하며 국부의 죽음을 애도했다. 이때 수원기생 20여명이 1월 27일 아침 일찍 깃당목의 소복을 입고, 나무 비녀를 꽂고, 짚신을 신은 채 수원역을 향했다. 수원역에서 기차를 탄 수원기생들은 서울로 올라가 대한문 앞에 엎드려 망곡례를 행하였다. 조선의 백성으로서, 왕궁에 속했던 궁인(宮人)의 후예로서 나라와 국부를 잃은 서러움과 한을 눈물로 토해냈다. 이 눈물은 수원기생 3·1운동의 전주곡이었다.

김향화 독립유공 표창장 및 표창메달

수원기생 김향화(金香花)를 중심으로 30여명의 기생들은 1919년 3월 29일 일제의 총칼을 두려워하지 않고 만세운동에 앞장섰다. 당시 화성행궁 봉수당은 일제의 식민지 수혜를 강조하며 자혜의원이라는 병원이 들어서 있었다. 일제의 식민지 배 아래 기생들도 영업허가와 관리를 경시청으로부터 통제 받고 있었다. 김향화와 30여명의 수원기생들은 식민 통제의 일환이었던 정기적인 건강검진(위생검사)을 받으러 갔던 자리에서 '대한독립만세'를 외쳤다.

자혜의원 앞 화성행궁의 북군영 건물은 수원경찰서로 헌병경찰과 수비대가 총칼을 차고 근무하고 있었다. 수원기생 33명은 일제의 총칼에 굴하지 않고 만세를 부르는 기개를 보여주었다. 당시 스물셋의 기생 김향화는 수원기생들을 이끌다 일제 경찰에 붙잡혀 6개월의 옥고를 치렀다. 김향화가 재판정에 섰을 때 많은 사람들은 그녀의 의로움을 지켜보았다.

수원기생들의 만세운동을 이끌었던 수원기생의 꽃 '의기(義妓) 김향화'는 1897년 7월 16일 태어났고 본명은 순이(順伊)였다. 서울에서 아버지 김인영과 어머니 홍금봉의 첫째 딸로 태어났다. 서울에서의 고단한 삶을 벗어나고자 수원의 정도성에게 시집을 와서 수원에서 살게 되었다. 그러나 불과 몇 년 지나지 못해 이혼을 하게 되었고 어려웠던 경제 사정 속에 수원기생이 되었다. '향화'는 기명으로 꽃과 같이 아름다운 그녀의 명성에 걸 맞는 이름이 되었다. 김향화는 갸름한 얼굴에 살짝 주근깨가 있고 크지 않은 중간 키에 성격이 순하고 귀여운 기생으로 검무와 승무에 능하고, 가사·시조·경성잡가 등 노래를 잘하는 기생이었다. 쪽진 머리에 주홍 소매를 쥐고 탁 트인 목청에서 흘러나오는 노래 가락은 애절하면서도 구슬펐다고 기록되어 있다. 유일하게 남은 그녀의 사진을 가만히 보고 있노라면 왠지 모를 굳센 표정 속에 강인함이 느껴진다.

만세운동으로 옥고를 치른 뒤 풀려난 김향화는 더 이상 기생으로 살지 않았다. 1934년 우순(祐純)으로 이름을 바꾼 뒤 여동생 점순의 가족과 함께 살았다는 이야기를 최근 후손들의 기억 속에서 더듬어 찾아내었다. 해방의 기쁨도 그녀에게는 잠시였을 것이고, 1950년대 60이 가까운 나이에 생을 마감했음을 전해 들었다. 그 힘든 세월을 견디고 말없이 돌아간 수원기생 김향화. 의로운 기생 김향화. 가슴 한편이 아려온다.

수원기생들의 만세운동은 일제 경찰도 깜짝 놀라게 한 민족적 항쟁이었다. 관기의 후예와 전통예능의 전수자로서 정체성을 잃지 않으려는 움직임이었다. 또한 일제의 강압적인 기생제도와 식민통제에 대한 생존의 몸부림이었다. 기생은 해방 이후 역사의 뒤안길로 쓸쓸히 사라져버렸다. 오늘날 기생의 존재는 옛날이야기일 뿐이다. 하지만 기생도 우리 민족의 일원이었으며, 이 여성들의 재능은 대중예술이라는 장르로 계승되었다. 당시 식민지 권력에 대항하며 보여주었던 수원기생들의 민족적 의로움은 오늘의 교훈으로 화성행궁 봉수당에서 아직도 메아리 치고 있다.

화성행궁은 다시 기억된다. 조선의 전통과 임금을 상징했던 공간으로, 그리고 사회적으로 천한 신분으로 멸시를 받던 기생들도 죽음을 두려워하지 않고 만세운동을 벌였던 곳으로, 국부를 잃은 슬픔과 그리움의 표현이었을까? 아니면 잃어버린 조국에 대한 서러움이었을까? 하지만 보다 분명한 것은 사회적으로 냉대 받았던 기생들의 쓰라린 삶과 이중적 시선에 대한 생존의 몸부림이 지금도 기억된다는 것이다.

팔달산 서장대와 수원화성행궁

수원사람들의 '팔닥산'과 '3·1독립운동기념탑'

수원의 진산인 '팔달산'은 수원의 상징으로 존재한다. 1789년 읍치 이전을 시작으로 팔달산 아래 '화성행궁'이 만들어졌고, '화성'이 축성되면서 가장 중요한 시설인 '서장대'가 팔달산을 지키고 있다. 이 곳에서 '대한독립만세'의 함성이 강하게 일어났다. 그러다 보니 일제는 이러한 상징성을 무너뜨리고자 팔달산에 신사와 일본군인기념비, 국기게양대 등을 만들고 팔달산공원으로 만들어 버렸다. 하지만 해방 후 우리는 이 공간을 다시 되찾고 3·1운동 당시 수원사람들의 희망을 되찾았다. 1969년 8월 15일 수원의 삼일동지회가 주축이 되어 3·1운동을 기리고자 팔달산 정상에 '3·1독립운동기념탑'을 세웠다. 그리고 그 옆의 '대한민국독립기념비'는 일제가 송산면3·1운동 당시 처단되었던 노구치 순사를 기리며 동공원(현 삼일공고 앞)에 세웠던 비석을 해방이 되자 수원사람들이 무너뜨리고 독립을 기념하며 세운 비석이다. 3·1독립운동기념탑이 만들어질 때 팔달산으로 옮겼다.

수원사람들은 수원 사투리가 섞여 팔달산을 '팔닥산'으로 발음한다. 바로 그날의 함성과 의지를 '팔닥산'이란 된 발음으로 피 끓는 기세를 아직도 강인하게 이어가고 있는 것이다. 수원의 '팔달산'은 '팔닥산'으로 항일운동의 상징적 공간으로 만세운동의 함성을 간직한 곳으로 기억되고 있다.

현재 일본 정부는 과거의 잘못에 대해 반성하지 않고 있다. 오히려 일본 우익집단과 손잡고 역사왜곡과 영토 분쟁 등을 야기하며 제국주의의 부활을 꿈꾸는 듯하다. 우리 스스로도 과거의 역사 위에 오늘이 있음을 기억하지 못하고 쉽게 잊어버리고 있다. 세계적으로 유일한 분단국가로서 기쁨과 슬픔이 공존하는 오늘 '팔달산'에 올라 보면 우리들 가슴속에 독립운동가들의 '대한독립만세'의 목소리가 잔잔히 울려 퍼진다.

3 · 1독립운동기념탑

대한민국독립기념비

팔달산 3 · 1독립운동기념탑과 대한민국독립기념비

일본제국의 도시 건설, 신작로에서 바라보다

팔달산 서장대에서 서남쪽으로 내려오면 성밖으로 이어지는 길을 만난다. 현재 이길
은 안쪽의 길 향교로와 바깥쪽의 길 매산로로 두 갈래로 나뉘어져 수원역으로 연결되
어 있다. 일제강점기에 만들어진 신작로다.

1905년 1월 1일 경부선이 전 구간 개통되었다. 수원은 경부철도의 수원역을 중심으
로 새로운 도시변화를 맞이하였다. 수원역이 생기면서 역을 중심으로 새로운 상권이 형
성되었고 주변의 국영농장이었던 서둔벌은 일본제국의 경제적 바탕이 되었다. 서둔벌은
일제 대지주들에게 불하되어 지역민들은 그들의 소작농으로 전락했다. 전통적인 도시
의 모습이 붕괴되며 수원역을 중심으로 팔달산 서남쪽으로 일본인 거리와 마을이 만들
어졌다.

현재 수원역

현 향교로 : 신작로의 현재 모습

1910년대 이후부터 수원에는 많은 일본인들이 이주하기 시작했다. 신작로를 중심으로 한 일본인 거주지에는 교육기관과 종교기관이 생겨났다. 더불어 거리에는 식민지 운영의 중요한 기관들인 동양척식주식회사 출장소, 동산농장, 국무농장과 일본사찰 수원사 등이 들어섰다. 뿐만 아니라 일본제국의 상징인 신사도 팔달산 서남쪽 향교 위에 건립되었다.

수원역에서 향교 앞으로 난 일직선의 도로는 일본인 거리인 신작로가 되었다. 그 뒤 또 하나의 신작로가 바로 옆에 만들어 지면서 두 갈래 길이 되었다. 수원역 앞에는 조선운송회사 수원지점, 화성자동차회사, 경동철도회사, 동산농장, 역전 우편국이 자리했다. 신작로에는 식산은행 수원지점, 동양종묘회사, 만종원, 세무서, 중앙무진회사, 서본원사, 사법사, 부국원, 수원극장, 화성금융조합, 수원금융조합, 수원상공회의소 등 경제기구와 관공서 등이 들어서 식민지적 도시로 재편되었다.

옛 신작로인 향교로를 걷다 보면 100년 전의 모습을 알 수 있는 몇 개의 건물이 남아 있다. 등록문화재 제597호로 지정되어 수원가족여성회관 교육관으로 사용하고 있는 '구 수원문화원' 건물과 이젠 신작로의 표상으로 2018년 11월 28일 근대문화공간으로 개관한 등록문화재 제698호 '수원 구 부국원' 건물이다. 이 건물들은 수원의 근현대 역사를 고스란히 간직하고 있다.

구 수원문화원 건물

일제는 식민지 농업정책의 조사와 연구, 실험을 위해 1906년 서호 옆에 권업모범장을 세웠다. 식민지 초기 투자비용이 부족했던 일제는 권업모범장 부지로 수원을 선택했다. 정조대에 조성된 농업연구 기반이 너무나도 완벽했고, 경부 철도의 개설로 교통의 요충지였기 때문이었다. 일제는 수원에 권업모범장을 설치하면서 식민지 경제정책의 효율성과 경제적 이득까지 챙겼다. 권업모범장은 일본의 농업기술을 일방적으로 도입하였다. 그리고 곡물 종자를 강제로 바꾸며 생산과정에 직접 개입하여 수탈의 기반을 만들어 갔다. 권업모범장의 농업 생산과정에 대한 직접적 개입은 일본인 지주들을 통해 이루어졌다. 일제 농업정책의 충실한 수행자였던 일본인 지주들은 1906년부터 권업모범장 주변에 농장을 설치하여 대규모 소작경영을 시작했다.

권업모범장의 우량품종보급사업에 따라서 종자와 종묘의 보급이 활발하게 추진되었다. 처음에는 권업모범장에서 직접 농업자에게 배부하였고, 도종묘장이 설치되면서 일반농민용은 대부분 도종묘장에서 배부하였다. 그러다가 본격적으로 판매상을 통한 판매와 보급이 시작되었다.

그 대표적 회사가 일본제국의 부국을 꿈꾸며 일본인 거리에 만들어진 부국원(富國園)이었다. 부국원 주식회사는 일본인 이하라[伊原五郎兵衛] 외 7명(자본금 150,000원)이 신청하여 설립 허가되었고 1916년 4월 3일 창립하여 수원면 산루리에 사무실을 두었다. 주로 종묘와 종자의 판매를 하며, 농기구와 비료의 판매 및 농산물매매 등의 영업 회사로 발전을 거듭하였다. 1920년대에는 순이익이 매년 1만원이 넘었고, 1930년대에는 자본금이 30만원, 불입금이 15만원인 대규모 회사가 되었다.

1920년대 수원지역의 종묘와 종자 보급은 거의 부국원에서 이루어졌다. 결국 부국원의 운영은 독점판매 형태였다. 여기서 공급되는 품종은 수원지역 거주 일본인 지주들이 적극적으로 구입·이식하였다. 즉 권업모범장에서 배부되는 종묘와 종자는 부국원을 통하여 수원지역 지주들에게 보급되었고, 결국 종묘와 종자를 통한 농정의 장악으로 이어져 수원지역 식민농정의 또 다른 지배형태를 띠게 되었다.

근대문화공간 '수원 구 부국원'(등록문화재 제698호)

근대문화공간으로 탈바꿈한 부국원 건물은 1923년 공사비 2만 엔을 들여 건축했다. 1942년 부국원 사장이 수원상공회의소 회장에 선출되고 수원상공회 사무실을 두기도 했다. 해방 이후 한국전쟁이 일어났을 때 인민군의 점령 아래 여성동맹이 잠깐 사용했고, 1952년~1956년 임시로 수원지방법원 청사로 사용했고, 1962년경 수원시교육청, 1974년에는 공화당 경기도당 사무실, 1979년에는 수원예총이 사용했다. 그러다가 개인에게 팔려 1981년부터 오랫동안 박내과 의원으로 수원시민들의 추억과 함께했다. 최근에는 인쇄사가 들어서 사용되다가 우여곡절 끝에 2015년 철거 될 뻔 했던 건물을 수원시가 매입하여 지켜냈다. 당시 지어졌던 2층의 콘크리트 건물은 1920년대 신고전주의 건축양식을 대표한다. 이렇듯 '수원 구 부국원' 건물은 수원 근현대사의 질곡을 함께하면서 옛 모습을 간직한 채 교동에 서있다. 이젠 근대문화공간이 되어 신작로의 중심으로 전시관으로 꾸며졌다. 그리고 지난 신작로의 역사와 경험, 독립의 의지, 수원사람들의 근현대의 삶을 보여주고 있다.

근대문화공간 '수원 구 부국원' 전시관 내부

'항미정'의 울부짖음, 소작농과 학생들의 항일투쟁

화성을 답사하는 길에 팔달산 서장대에 올라 성안과 성밖을 바라보면 도시의 변화가 극명하게 교차한다. 서장대의 노대에 올라 서수원 쪽을 바라보면 아주 가깝게 200여년 전 둔전(屯田)의 모습이 서호 주변으로 그대로 남아 있다. 수원은 200년의 전통을 간직한 농업연구 도시이다. 정조대왕 때부터 시작되어 해방 이후 농촌진흥청과 서울대학교 농과대학이 그 자리를 굳게 지키며 농업연구의 혁명을 일으켰던 곳이다.

수원역 뒤편으로 옛 서둔벌이 농촌진흥청 시험장으로 펼쳐져 있다. 그리고 그 안쪽에는 여기산을 끼고 서호 저수지가 공원으로 변해 시민들의 안식처가 되어 있다. 서호(西湖, 祝萬堤)는 화성 축성과 함께 정조 임금이 새로운 농법을 실험하고자 만들었다. 일제는 이러한 농업생산 시설을 기반으로 하여 식민지농업정책 기구인 권업모범장(勸業模範場)을 1906년 서호 옆에 세웠다. 일제는 권업모범장을 설치하여 곡물 종자를 강제로 바꾸며, 생산과정에 직접 개입하였다. 권업모범장의 농업 생산과정에 대한 직접적 개입은 일본인 지주들을 통해 이루어졌다. 일제 농업정책의 충실한 수행자였던 일본인 지주들은 1906년부터 권업모범장 주변에 농장을 설치하여 대규모 소작경영을 시작했다.

수원지역의 대표적인 일본인 대지주들은 국무합명회사(國武合名會社)와 동산농사주식회사(東山農事株式會社), 1910년 수원출장소를 두고 농장 운영을 시작한 동양척식주식회사(東洋拓殖株式會社) 등이었다. 이들은 수원지역에 대규모 농장을 설치하여 본격적인 쌀농사에 돌입했다. 일본인 대지주들은 지리적으로 경성·인천 등과 가깝고 철도의 이용이 편리한 수원을 이용했다. 또한 권업모범장으로부터 각종 혜택을 받아 농사경영에 유리했다. 1910년대 수원에서 생산된 미곡들은 경부선을 통해 부산으로 반출되었다. 결국 우리 소작농들의 고혈을 짜내 생산된 쌀이 부산을 통해 일본으로 넘어갔다. 수원지역의 소작농 대부분은 일본인 농장의 소작농으로 전락해 갔다. 일본인 대지주들의 농업적 지배와 수탈은 수원지역 민의 생존권을 위협했다. 또한 기존의 전통 상권을 일본인들이 파고들어 침탈하면서 전통적 상업 활동에 큰 타격을 주었다. 직접적인 생존권에 부딪힌 수원지역 민들은 3·1운동을 통하여 적극적으로 저항했다.

3·1운동 당시 수원지역의 소작농들은 만세를 부르며 노동력 착취와 생존권에 대한 투쟁을 벌였다. 1919년 3월 23일 수원역 부근의 서호에서 700명이 시위를 벌이다가 일본 경찰과 헌병대 및 소방대의 제지를 받고 해산했다. 이날의 시위가 수원역 부근과 서호에서 벌어진 이유는 이곳에 있던 권업모범장과 일본인 대지주들의 농장을 목표로 한 것이었다. 권업모범장의 일본인 관리와 일본인들이 서둔벌에 많이 거주하고 있었다. 소작농들은 이들에게 독립의 의지를 분명하게 보여주고자 했다.

축만제

축만제 옆 서둔벌

축만제

축만제 표석

　해방 후 수원은 농촌진흥청, 서울대학교 농과대학을 중심으로 농업연구 도시의 이미지를 확고히 했다. 하지만 지금은 건물만 남아버린 서울대학교 농과대학이 인적이 드문 채 고즈넉하기까지 하다. 서울농대와 농촌진흥청이 수원을 떠났기 때문이다. 현재 일부의 건물들을 리모델링하여 경기도가 '경기상상캠퍼스'로 운영하고 있다.

　서울로 캠퍼스를 옮긴 서울농대의 전신은 수원고등농림학교다. 권업모범장 설치 이후 농림학교가 설립되었는데 1906년 9월 농상공학교를 각각 분리함과 동시에 서울에서 개교하였다. 이후 1907년 수원에 교사를 신축하여 이전하였다. 1910년 조선총독부 농림학교로 바뀌면서 권업모범장에 부속되었다. 1918년 3월에는 수원농림 전문학교가 되었다. 이후 1922년 수원고등농림학교가 되었다.

수원고등농림학교는 일본인 학생들과 조선인 학생들이 같이 다녔다. 그렇지만 기숙사도 따로 사용했고, 교수와 관리들이 거의 일본인으로 조선인 학생에 대한 차별 대우가 매우 심하였다. 1920년대 조선인 학생들은 차별대우의 철폐와 학생들의 권익신장을 위하여 여러 차례 동맹휴학을 단행하였다. 식민지 아래에서 차별받던 민족적 울분이 수십여 명의 동맹휴학으로 표출되었다.

수원고등농림학교 학생들은 인권과 민족적 차별에 대한 저항뿐만 아니라 독립을 향한 비밀결사운동도 지속하였다. 1927년 6월 김찬도 등이 중심이 되어 '건아단(健兒團)'이라는 비밀결사 활동이 이루어 졌다. 이후 계림농흥사가 조직되어 항일투쟁이 본격화 되었다. 계림농흥사는 조선개척사(朝鮮開拓社)로 재조직되어 조선의 독립을 위해 농민야학운동 등을 벌여나갔다. 1930년대에도 수원고등농림학교의 비밀결사운동은 계속되었다. 전국 각지의 수원고등농림학교 졸업생들이 연계하여 농민 중심의 문맹퇴치운동과 항일의식 고취에 전념하였다. 수원고등농림학교의 비밀결사운동은 우리말과 국사, 전통을 공부하여 항일독립정신을 함양하고 민족문화를 계승할 목적으로 독서회(한글연구회)를 조직하는 등 활발하게 전개되었다.

수원의 독립운동은 종교인, 교사, 청년, 학생, 농민, 상인, 기생들까지 전 계층을 아우르며 해방 직전까지 이어졌다. 그 숨결이 백년의 봄을 맞이하며 따스하게 느껴진다.

구 서울농대 건물들

용서도 할 수 없고,
잊을 수도 없다.

장터는 독립운동의 항쟁지이다.

수원시에서 서수원 방향으로 고색동과 오목동을 지나면 화성시 봉담면이다. 여기서 43번 국도를 쭉 달리다 보면 팔탄저수지를 지나 가재리를 거쳐 발안장터가 나온다. 발안 장터 가기 전 오른 쪽 도로 한켠에는 이정근 의사의 창의탑이 세워져 있다. 이 탑은 1919년 3월 31일 발안장터에서 만세운동을 이끌다 순국한 독립운동가 이정근 의사의 넋을 기리기 위해 세웠다. 1971년 3월 30일에 한글학자 한갑수, 김석원, 최덕신, 시인 모윤숙을 비롯한 국회의원과 지역유지 등 33인이 발기하여 건립했다.

향남면 발안에서의 만세운동은 우정·장안면 3·1운동과 연계하고 있다. 사전에 수촌리의 백낙렬, 향남면 제암리의 안정옥, 팔탄면 고주리의 김흥렬과 함께 유학자 이정근이 만세운동을 벌일 것을 모의하였다. 그리고 수촌리, 고주리, 제암리 주민들이 합세하여 발안 장터에 모여 만세운동을 전개했다.

이정근의사 창의탑

1919년 3월 31일 발안장터에는 1천여 명의 군중들이 모여 태극기의 물결 속에 '대한독립만세'를 외쳤다. 장이 열리는 날이었기에 많은 사람들과 장꾼들이 모였다. 3·1운동 당시 많은 만세운동이 장터에서 벌어졌다. 장터는 많은 사람들이 모여 물건을 사고파는 곳이고, 자연스럽게 정보를 주고받던 곳으로 만세운동의 여파는 매우 컸다. 군중들은 만세운동을 벌이며 길가의 일본인 가옥에 돌을 던졌다. 또 일본인 소학교에 불을 지르고 불길이 타오르는 것을 보며 항쟁을 이어갔다. 긴급히 출동한 일제는 폭력적 진압을 하면서 경찰과 보병이 마구잡이로 총을 쏘아댔다. 이때 이정근은 여러 제자들과 함께 만세를 부르면서, 제자들에게 장꾼들의 장짐을 펴지 못하게 하고 앞장섰다. 거센 투석전과 일제의 무자비한 사격 속에 만세를 부르짖던 군중들이 하나 둘 쓰러지고 결국 유학자 이정근도 일본 수비대장의 칼에 찔려 숨을 거두고 말았다. 일제의 무자비한 진압으로 수많은 사상자들이 발생했다. 그러나 만세운동의 물결은 멈추지 않았고, 다음날 4월 1일, 2일 밤에도 주민들은 당제봉에 올라가 봉화를 올리며 산상횃불시위를 전개하였다.

발안장터의 만세운동은 이 곳에서 식민지 수혜를 등에 업고 경제력을 장악해가던 일본인들을 공격대상으로 삼았다. 일본인 사사카가 운영했던 정미소와 일본인들이 운영했던 상점들이 많이 있었고, 일본인 자제들만을 위한 학교와 주재소가 있었다. 장터는 독립운동의 항쟁지이다. 지금의 발안시장은 전혀 다른 모습으로 상가들이 즐비하다. 장터는 많은 사람들이 모이고 활동하는 공간이며 삶의 현장이다. 발안장터 옆으로 흐르는 발안천의 물빛이 웬일인지 검붉게 흐르고 있는 것 같다. 당시 만세를 부르다 다치거나 숨졌던 사람들의 피가 검붉게 흘러내리고 있다고 마을 주민들의 기억 속에 전해지고 있다.

발안장터 옛 주재소 자리 상가 건물에 그려진 만세운동도

멈추지 않은 만세의 물결

발안장터의 만세운동이 일어난 직후 4월 3일에는 수원지역 최대의 만세운동이 우정면과 장안면의 연합으로 일어났다. 발안장터의 만세운동을 주도하고 동참했던 제암리와 수촌리, 고주리 주민들은 4월 3일 우정면과 장안면의 대규모 연합 만세운동에 함께

하며 '대한독립'의 기치를 높였다.

　우정·장안면의 3·1운동은 백낙렬과 김흥렬의 주도아래 천도교 전교사들을 중심으로 사전 조직되고 모의되었다. 우정·장안면을 중심으로 한 3·1운동은 4월 1일 밤 7시에 수촌리 개죽산의 봉화를 신호로 하여 일제히 시작되었다. 그리고 4월 3일 오전 11시 장안면사무소에 약 2백여명이 모여 면사무소를 파괴하고, 장안면장 김현묵을 앞세워 독립만세를 부르면서 쌍봉산을 향하여 출발했다. 쌍봉산에는 약 1천여 명이 모였고, 군중들은 오후 3시경 우정면사무소로 가서 서류와 집기류들을 파손하고 불태워 버렸다.

　성난 군중들은 우정면사무소를 파괴한 뒤 장안면장을 다시 앞세워 태극기를 들게 하고 선두에 세웠다. 그동안 일제의 꼭두각시 노릇을 했던 면장을 앞세운 군중들은 '대한독립만세'를 부르며 오후 4시경에 화수주재소에 도착했다. 주재소 앞에서 군중들은 일제히 독립만세를 부르고, 주재소에 돌을 던지기 시작했다. 이에 놀라 도망치는 일제의 주구 가와바다[川端豊太郎] 순사가 권총을 발사하여 시위군중 1명이 넘어져 숨졌다. 격분한 군중은 가와바다 순사를 추격하였다. 가와바다 순사는 도망치며 계속 총을 쏘아댔고 3명이 더 쓰러졌다. 그러나 도망가던 가와바다 순사는 곧 수십 명에게 포위되었고 현장에서 처단되었다. 악질 순사 가와바다를 처단했던 독립의 중요한 항쟁지 화수초등학교 교문 앞에는 조용히 말없이 '삼일독립운동기념비'가 세워져 있다. 이 곳이 자랑스러운 독립운동의 현장임을 묵묵히 보여주며 우리의 미래와 함께하고 있다.

화수리 3·1독립운동기념비

조국독립을 위한 고결한 희생

발안장터의 만세 함성을 간직한 채 향남 읍내를 조금 벗어나면 조그마한 마을이 하나 나온다. '제암리', 결코 작지 않은 역사와 아픔을 간직하고 있는 마을이다. 거센 만세운동의 물결속에 일제는 군대를 파견하여 거침없는 폭력을 행사하며 세계적으로 유례없던 천인공로할 만행을 이곳에서 저질렀다. 바로 '제암리 학살사건'이다. 제암리 학살로 제암리의 주민 대부분이 목숨을 잃었고, 삶의 터전이 불에 타 없어졌다. 역사의 아픔과 다시는 이 같은 일이 반복되지 않기를 바라는 염원을 간직한 채 '제암리 3·1운동 순국기념관'이 만들어져 있다.

향남면에 위치한 제암리는 '두렁바위'로 불리는 조선 후기 전형적인 씨족 중심의 농촌마을이었다. 3·1운동 당시 전체 33가구 가운데 31가구가 순흥 안씨인 집성촌이었으며, 주민 대부분은 농업에 종사했다. 이 마을 주민들은 천도교인이 제일 많았고 감리교, 유교 순으로 모두 종교적 믿음을 강하게 가지고 있었다.

감리교는 1905년 선교사 아펜젤러의 전도를 받아 입교한 안종후에 의해 들어왔다. 제암교회는 안종후가 처음 복음을 받아들인 후 1905년 8월 5일 자기 집 사랑방에서 예배를 드린 데서 시작되었다고 알려진다. 1919년 4월 15일 일제의 만행으로 제암교회에 갇혔던 20여명이 목숨을 잃었고 교회는 불타 없어졌다. 제암교회는 일제의 만행으로 불탄 뒤 7월 자리를 옮겨 다시 건립되었고, 1938년 현재의 위치에 기와집 예배당이 만들어졌다. 이후 1959년 4월에 3·1운동순국기념탑이 세워졌고, 1970년 9월에 일본의 기독교인과 사회단체에서 속죄의 뜻을 담아 모은 1천만 엔을 보내와 새 교회와 유족회관이 건립되었다. 하지만 건립과정에서 일본인의 기금을 받아들일 수 없다는 유족측과 받아들이자는 교회측이 대립하여 갈등과 마찰을 빚기도 하였다. 일본 정부가 직접 나서서 공식적인 사과를 한 것이 아니라 일본 기독교인들의 씁쓸한 사과와 모금으로 교회가 새롭게 만들어졌다.

60여년의 세월이 흐른 1982년 9월 대대적인 유해 발굴 사업이 진행되었다. 60여년이 넘도록 지하에서 서로 부둥켜안고 있던 유골들은 누구인지 확인할 수 없어 23위의 묘로 합장되었다. 다음해 7월 기념관과 새로운 기념탑이 세워졌다. 누구하나 순국선열들과 유족들의 아픔을 진정으로 되돌아보지 못하고 한 평생이 흘렀다. 그러다가 일본인들에 의해 만들어진 의미보다는 우리의 손으로 순국선열들의 넋을 기리자는 의견이 대두되었다. 구예배당과 기념관을 헐고 1997년 새롭게 '제암리 3·1운동 순국 기념관'이 지어져 2001년 완공되었다. 기념관은 많은 관람객들과 교인들이 다녀가며 새로운 민족교육의 장으로써, 3·1운동의 성역으로써 거듭나고 있다.

제암리 3 · 1운동 순국 기념관

일제는 만세운동이 벌어지자 헌병과 경찰 혼성부대를 편성하여 발안에 파견했다. 일제 검거반은 1919년 4월 6일 수촌리의 대규모 검거작전을 개시했다. 무자비한 탄압을 시작하면서 수촌리 마을을 모두 불태워 버렸다. 이때 수촌리는 마을 전체 42채의 가옥 중 38채가 불타고 만세운동의 중심적 공간이었던 수촌리 교회가 함께 소실되었다. 불타 버린 교회는 1922년 4월 아펜젤러와 노블의 협조로 8칸의 초가 예배당으로 다시 건립되었다. 이후 1932년 1월 지금의 수촌리로 이전하여 현 교회의 위치가 되었다. 현재 복원되어 있는 초가집이 당초의 수촌리 교회로 사용하던 건물로서 1974년 양식 기와로 지붕을 개량했다가 다시 1987년 초가 형태로 복원하여 중건하였다. 복원한 교회 옆에 1965년 6월 15일 새로운 교회 예배당이 만들어 졌다. 지금도 수촌리에서는 조국의 독립과 평화를 위한 예배가 진행 중이다.

수촌리 3 · 1독립운동기념비

수촌교회와 복원된 옛 교회

일제의 폭력적인 탄압은 지속되었다. 잠시 소강상태에 있던 이 지역의 만세운동이 다시 격렬하게 전개될 수 있다는 위협을 느낀 일제는 일본인들에게 무기를 지급하고 철야 경계에 들어갔다. 그리고 이와 같은 만세운동의 원인이 향남면 제암리의 기독교도와 천도교도로 파악하고 만세운동의 주동자 색출을 내세워 세계적인 학살 만행인 '제암리 학살사건'을 일으켰다. 일제는 우정·장안면과 발안장터의 시위가 연계되어, 이 지역이 내란과 같은 상태이기 때문에 3·1운동의 주동자 들을 모두 처단해야 한다는 빌미를 내세워 마구잡이로 학살과 방화를 자행했다. 4월 13일 육군 보병 79연대 소속의 아리타 도시오[有田俊夫] 중위가 이끄는 보병 13명은 발안에 도착했다. 이들의 임무는 진압 작전이 끝난 발안 지역의 치안을 유지하는 것이었다. 발안 내 다른 지역의 시위 주동자들은 2차에 걸친 검거 작전으로 대부분 체포되었다. 하지만 발안 시위를 주도했던 제암리 주동자들은 체포되지 않아 아리타는 제암리 진압을 시작하였다. 아리타는 4월 15일 부하 11명과 순사 1명, 순사보 조희창, 발안에서 정미소를 운영하고 있던 사사카[佐坂] 등의 안내를 받으며 제암리에 도착하였다. 그리고 주민들에게 알릴 일이 있다고 속이고 제암리와 인근 마을의 주민 약 20여명을 제암리 교회에 모이게 했다. 이때 마을의 주민들은 아무것도 모르는 채 함께 교회 안으로 끌려들어갔다. 아리타는 주민들을 교회 안에 가둬 놓고 출입문과 창문을 잠근 채 부하들에게 사격을 명령하여 교회 안에 있던 주민 전부를 사살하였다. 그리고는 교회당에 불을 질러 태워버렸고, 마을의 가옥 20여호를 소각하였다. 제암 교회는 총성과 함께 불타오르며 시커먼 연기가 하늘을 뒤 덮었다. 일제의 천인공로할 만행이 벌어진 것이다. 이 만행으로 제암리 주민들이 아까운 목숨을 잃었고 교회와 가옥들이 불에 탔다. 일제는 만행을 멈추지 않고 이웃 마을 고주리까지 쳐들어가 천도교 신자였던 김흥렬 가족 6명을 몰살했다. 죽은 이들은 재가 되어 산화하고 살아남은 자들의 원한은 통곡으로 울려 퍼졌다.

제암리 희생자들은 순국기념탑에 23명으로 되어있다.(안정옥(安政玉)·안종린(安鍾麟)·안종락(安鍾樂)·안종환(安鍾煥)·안종후(安鍾厚)·안경순(安慶淳)·안무순(安武淳)·안진순(安

珍淳)·안봉순(安鳳淳)·안유순(安有淳)·안종엽(安鍾燁)·안필순(安弼淳)·안명순(安明淳)·안관순(安官淳)·안상용(安相鎔)·조경칠(趙敬七)·홍순진(洪淳晋)·김정헌(金正憲)·김덕용(金德用)·강태성(姜泰成)·동 부인 김씨·홍원식(洪元植)·동 부인 김씨) 그리고 고주리의 학살자 6명(김흥열(金興烈)·김성열(金聖烈)·김세열(金世烈)·김주업(金周業)·김주남(金周男)·김흥복(金興福))을 포함하여 확인된 순국선열은 29명이다. '제암리 학살사건'과 이 지역의 3·1운동 과정 속엔 더 많은 희생자들이 기록 없이 존재하고 있다. 수원지역에서 3·1운동을 직접적으로 이끌어 나갔던 많은 지역민들이 희생되었다는 것은 지워버릴 수 없는 역사적 사실이며 아픔이다.

　　제암리 학살 만행이 벌어진 후 제암리와 고주리, 수촌리, 발안 등지는 그야말로 공포와 좌절 속에 참혹한 분위기에 휩싸였다. 일제는 만세운동의 폭력적 탄압으로 일정 정도의 성과를 올렸다고 판단했다. 하지만 학살사건 직후 현장을 방문한 선교사들에 의해 사건의 진상이 외부로 알려지면서 큰 반향을 불러일으켰다.

　　제암리 학살사건 현장을 처음 목격한 커티스·테일러·언더우드 등이 사건 소식을 서울에 알렸다. 개인적인 차원에서 스코필드가 여러 차례 방문하여 부상자 치료와 난민 구호에 적극 나섰다. 노블을 비롯한 감리교 선교사들의 노력과 현장 증언을 담은 보고서가 미국 교회에 보고되면서 세계적으로 '제암리 학살사건'에 대한 진상이 폭로되었다.

　　3·1운동이 일어나자 일제가 취한 긴급 기본 대책은 조선에 주둔한 군대와 헌병경찰을 동원한 시위 군중의 대량 학살과 방화, 주모자의 체포·고문·태형(笞刑) 이었다. 일제는 무장 병력을 비무장의 평화적인 시위 군중을 해산시키는데 동원하고, 만세운동을 사전 예방하고 혹은 만세운동 후 주동자를 검거하는 데 투입시킴으로써 그들의 군국주의적 특성을 분명하게 드러냈다. '제암리 학살사건'은 민족해방운동의 절정인 3·1운동을 일제가 폭력적 탄압과 무자비한 살상으로 대응하고 있었음을 여실히 보여준 만행이었다.

　　아무 말 없이 침묵하고 있는 순국 23위의 묘소 앞에 국화꽃 한 송이를 올려 본다. 조용한 듯 흐르는 정적 속에 '대한독립만세'의 소리 없는 외침이 귓전에서 메아리친다. 역사적 과오에 대한 일본 정부의 뉘우침, 공식적 사과와 보상이 이루어지지 않는 한 제암리의 '대한독립만세' 함성은 멈추지 않을 것이다.

제암리 순국 23위의 묘

용서도 할 수 없고, 잊을 수도 없다

3·1운동은 일제의 폭력과 차별, 경제적 착취에 거침없이 항거하며 '대한독립만세'를 외친 민족해방운동의 정점이었다. 천도교도와 기독교도, 유학자들, 그리고 대부분의 농민들, 학생들, 상인들, 노동자들과 기생들까지 조선 민족의 전 계층이 참여하면서 독립의 의지를 불태웠다. 또한 사전 계획에 의해 조직적으로 격렬한 투쟁양상을 보였고, 면사무소와 주재소를 파괴하고, 갖은 악행을 일삼고 있었던 순사들도 처단했다. 화성의 만세운동은 3·1운동 항쟁지 중 가장 강력한 곳이었다. 3·1운동 발생 초부터 4월 중순 이후까지 만세운동의 물결은 꺼지지 않았다.

일제는 폭력적 정치와 탄압, 차별과 냉대를 통해 3·1운동 전반에 대한 무력 대응을 해 나갔다. 그 결과가 '제암리 학살사건'으로 나타났다. 단순히 화성 3·1운동에 대한 일제 군경의 보복만행이 아닌 1910년대 식민통치의 폭력성이 이어진 결과였다. 일제강점 초반 부터 무단통치를 기조로 헌병경찰과 군대를 동원하여 식민지를 지배했던 무력이 그대 로 3·1운동의 진압에 행사되었다. 일제는 3·1운동 발생 초반부터 헌병경찰의 무력 사용을 승인했고, 곧바로 군대를 파견하여 진압에 들어갔다. 이러한 폭력적 탄압은 살인과 방화 로 이어져 수많은 사상자를 내었다.

일제의 폭력과 무력적 대응은 이미 예정되어 있던 결과였다. 한 마을을 거침없이 소 각하고 생활터전을 없애버리고 마을 주민 모두를 살육한 일. 이것이 일제강점기 식민지 라는 현실 속에 존재했던 우리 민족이 당면했던 '짓밟힌 인권'이었다.

'제암리 학살 사건'의 희생자 들은 희생자라 는 사실과 더불 어 항일 독립운 동가인 순국선 열로서 우리들 에게 존재한다. '제암리 학살사 건' 순국선열들 의 유족들은 "용 서도 할 수 없고,

제암리 순국 추모 돌기둥

잊을 수도 없다"라며 통한의 눈물을 아직도 흘리고 있다.

일본제국주의의 잔학한 만행은 멈추지 않았다. 1923년 9월 일본 관동지방에 대지진

이 일어났을 때 자경단과 공권력이 함께하며 일본에 살고 있던 우리 민족들이 무참히 살해당했다. 일제는 3·1운동에 대한 민간인 학살에 이어 또 한번의 조선인 대학살을 벌였다. 그리고 1937년 12월부터 1938년 2월까지 대륙침략의 야욕 속에 중일전쟁을 일으켜 남경을 점령한 일제는 수많은 중국 시민들을 학살했다. 우리는 세계적 대학살로 제2차 세계대전 당시 독일 나치의 대학살 '홀로코스트'를 떠올린다. 하지만 나치의 대학살 이전에 이미 일제의 '제암리 학살사건'(1919년). '관동대진재 학살'(1923년), '남경 대학살'(1937년)이 동아시아를 피바다로 만들었던 사실을 잊지 말자.

현재 일본 정부는 이 모든 과거에 대한 잘못을 반성하지 않고 있다. 오히려 일본 우익 집단과 손잡고 역사왜곡과 영토 분쟁 등을 야기하며 제국주의의 부활을 꿈꾸는 듯하다.

세계에서는 과거 전쟁이나 학살이 벌어진 비극적인 장소, 혹은 식민 지배를 받았던 흔적들을 돌아보는 '다크 투어리즘(Dark Tourism)' 열풍이 불고 있다. 다크투어리즘은 배움의 수단이다. 뼈아픈 역사의 현장을 남겨 되돌아보고 기억하며 다시는 그와 같은 일이 반복되지 않기를 바라기 때문이다. '제암리'가 바로 그 곳이다. 아픔에서 얻는 교훈이고, 잊지 말아야 할 역사이다.

우리 스스로도 과거의 역사 위에 오늘이 있음을 기억하지 못하고 쉽게 잊어버리고 있다. 세계적으로 유일한 분단국가가 되어버린 것은 광복의 기쁨과 함께한 슬픔이다. 기쁨과 슬픔이 공존하는 오늘 이젠 가만히 우리들 가슴속에 독립운동가 유족들의 통곡을 아로새겨 봐야 할 시점이다. 순국선열의 희생 위에 오늘이 있음을 다시 한 번 상기해 본다.

제암리3.1운동순국기념관 – 3.1운동순국기념탑

미륵과 함께한
민중의 힘,
다시 찾은 해방구

민중불교 미륵의 고장 안성

안성하면 제일 먼저 떠오르는 말이 '안성맞춤'이다. '안성맞춤'은 안성의 유기그릇과
가죽꽃신이 유명하여 생겨난 말이다. 안성은 서쪽으로 평택과 동북쪽으로 이천, 용인과
접해있다. 남쪽으로는 천안인 충청북도와 맞닿아 있고 서울로 가는 교통의 요지이며 군
사적 요충지이다. 때문에 팔도의 물건들이 모여들고, 좋은 농산물과 수공업 제품들이 만
들어졌던 것이다. 그래서 한때 '안성에 가면 뭐든지 있다'라는 말이 생겨났고 안성장이
유명했다. 안성은 삼남으로 통하는 길목이고 장인들이 많이 모여 사는 수공업도시로서
민란 때마다 안성장의 비중이 컸고, 장날을 이용하여 농민군이 자주 결집되었던 곳이었
다.

안성하면 또 하나 떠오르는 것이 미륵부처들이다. 안성에는 안성시내 아양동의 남녀
미륵과 양성면 대농리의 미륵, 교통의 중심지였던 과거 죽산현 관내 삼죽면의 기솔리 쌍

만세고개에 세워진 안성3 · 1운동 기념관

미륵, 그 위 국사봉의 궁예미륵, 그리고 관아터의 동편인 죽산면 매산리의 태평미륵이
있다. 태평미륵은 원래 대평미륵으로 불렸다고 한다. 대평원에 있던 미륵이라는 뜻이다.
미륵불은 민중들이 희망하는 이상세계를 실현해 줄 부처이다. 미륵보살은 석가모니 부
처님이 입멸하신 뒤 56억 7천만년이 될 때 이 세상에 오시기로 되어 있는 미래의 부처다.
석가모니의 교화가 다 끝나고 새로운 '용화세계'가 열리는 것이다. 민중들이 희망했던 새
로운 세계의 모습은 '자유'와 '평등'의 기쁨으로 가득 찬 평화의 세계이자 유토피아였다.

비록 현실은 고단해도 미래에는 새로운 밝은 세상이 올 것이라는 믿음의 상징이다. 그래서 역사 속에 혼란기에 미륵불이 많이 조성되는데 조선후기에는 부처의 격식마저도 없앤 동네 할아버지나 할머니의 모습을 닮기도 한다. 세우는 장소도 마을 어귀나 정자나무 옆에 세우기도 하여 생활 신앙의 한 존재가 되었다. 현실 속에서 이상향을 구한 안성사람들의 믿음이 마을 어귀와 중심에 미륵불을 세워 놓은 것이다. 바로 이런 미륵의 세상이 오기를 식민지 아래 어둠 속에서 희망했을 안성사람들은 주저하지 않고 대한독립만세의 함성을 일으키며 들고 일어났다.

안성 만세고개비

민중이 주인인 세상을 만들고자 외친 '대한독립만세'

안성군의 3·1운동은 3월말부터 읍내와 죽산면, 원곡면, 양성면 등을 중심으로 평화적인 시위운동으로 시작되었다. 이 평화적 시위가 공격적인 운동으로 바뀌게 된 것은 4월 1일 원곡면과 양성면이 연합으로 공동투쟁을 전개하면서부터였다. 원곡면과 양성면은 처음에는 각각 별도의 시위를 일으켰으나, 4월 1일 저녁 원곡면사무소 앞에 집결하여 만세를 부르던 원곡면민이 일본 순사주재소가 있는 이웃 양성면으로 쳐들어가 마침 양성면사무소와 주재소를 에워싸고 만세를 부르며 되돌아 나오던 양성면민과 합세하면서 대규모의 농민시위로 발전하였다. 2천여 명의 농민들의 함성은 천지를 뒤흔들었고, 시위행렬은 의기충천하여 기세를 올렸다. 시위 농민은 경찰관주재소와 양성우편소에 불을 질렀다. 또한 전선을 끊고, 경부선 철도까지 차단하려 하였다. 그리고 양성 읍내에 거주하는 일본인 고리대금업자의 집을 비롯하여 일본인 상점을 파괴하였다. 뿐만 아니라 양성면사무소로 가서 호적원부를 꺼내어 소각하고 기물을 모두 파괴하였다. 또한 면장을 포박하고 면사무소를 불태워 버렸다. 이에 맞서 일본 군경은 야만적인 발포를 자행하여 많은 사상자를 내었다. 24명이 순국하고 127명이 투옥되는 사상 최대의 탄압이 벌어졌다. 양성·원곡의 운동은 농민에 의해 주도된 운동으로, 특히 원곡면민들은 한학자로서 동리의 신망을 받던 이유석(李裕奭) 등의 사전 계획과 현장지도에 의해 일제 행정관서와 일본인 거주지가 있는 이웃 마을까지 원정한 조직적이고 계획적인 운동이었다. 민중들의 원한은 치솟았고, 연대투쟁이 되면서 격화되었던 것이다.

안성3·1운동기념관 내에 세워져 있는 '원곡·양성 3·1독립항쟁기념탑'

일제는 양성·원곡의 3·1운동을 3대 폭력지로 꼽았다. 그들의 시선으로 바라보면 폭력 항쟁지이지만 가장 치열한 만세운동을 일으킨 곳으로 황해도 수안군 수안면의 만세운동, 평안북도 의주군 옥상면의 만세운동과 더불어 3대 실력항쟁이었다.

면사무소를 불태우며 시작된 2일간의 해방구

원곡면의 만세운동이 벌어진 곳은 그대로 원곡면사무소가 되어 있다. 당시 일제의 간악했던 통치기구였던 면사무소는 불타 사라졌다. 지금은 해방 이후의 새로운 면사무소로 면사무소 앞 주차장에는 이곳이 3·1운동이 벌어진 곳이라는 것을 잊지 않기 위한 커다란 '3·1독립항쟁지' 기념비가 세워져 있다. 그리고 면사무소 옆의 원곡파출소 앞 도로의 자그마한 로터리가 만세광장으로 지칭되어져 있는데, 이곳에 3·1운동 항쟁을 알리는 동상이 2018년 10월 25일 세워졌다. 태극기와 함께 다양한 계층의 인물 동상 12개가 설치되어 신분여하에 관계없이 원곡면과 양성면 독립만세에 참여한 민중들을 표현하고 지역민들의 자긍심을 고취시키고 있다.

원곡면사무소 3 · 1독립항쟁지 기념비

원곡면의 만세시위는 1919년 3월 25~26일 경부터 동리 단위로 시작하여 점차 면사무소 앞 시위로 발전하였다. 4월 1일이 되자 이유석·이덕순·최은식·이희룡·홍창섭·이근수 등 지도자들은 각 동리마다 시위대를 조직했다. 저녁 8시경 1,000여명의 시위대가 등불 또는 횃불을 밝혀 들고 면소재지인 외가천리로 모여 대한독립만세를 외쳤다. 그 후 1,000여명이 대열을 지어 면장 남길우와 면서기 정종두를 앞세우고 만세를 부르면서 양성면으로 향하였다.

원곡면민들이 만세를 부르며 양성면으로 넘어갔던 고개는 성은고개였다. 이제 이 고개를 더 이상 성은고개라 부르지 않는다. 휴게소가 있고, 안성3·1운동기념관이 지어져 있는 이 고개는 만세고개이다. 만세고개는 1919년 4월 1일 원곡면민 1,000여 명이 양성으로 원정시위를 넘어가며 '대한독립'의 결의를 다진 곳이다. 결의를 다진 원곡면민들은 양성면 소재지인 동항리로 가서 양성면민과 합세하여 2,000여명의 군중들이 양성주재소와 양성면사무소·양성우편소 등을 방화 또는 파괴하며 격렬한 시위를 전개하였다. 그리고 이튿날인 4월 2일 새벽 다시 성은고개를 넘어 원곡면으로 와서 외가천리에 있는 원곡면사무소를 불태우고 독립만세를 불렀다.

만세고개의 '안성3·1운동 기념관'은 전시관과 광복사, 기념탑 등으로 구성되어 있다. 실력항쟁으로 몰아 낸 2일간의 해방을 기념하고 있다. 광복사에는 독립운동을 펼쳤던 안성의 순국선열들의 위패를 모셔놓고 기리고 있다. 전시관은 상설과 기획전시실이 자그마하게 나눠져 있고, 영상실에서는 원곡과 양성면 만세운동의 영상이 상영되고, 지하 1층에는 체험실이 있다. 야외에도 다양한 야외체험과 포토존, 다양한 조각품들이 놓여 있어 '독립운동은 대한민국의 역사'임을 증명하고 있다.

안성3 · 1운동기념관 전시관   안성3 · 1운동기념관의 기념조형물과 광복사

만세고개를 넘어 양성면으로 가다 보면 양성초등학교가 나온다. 양성초등학교 교정
에 들어서면 운동장을 질러 교사 바로 앞에 '안성 3·1독립운동 발상지' 기념비가 서 있다.
당시 양성공립보통학교로 1919년 3월 11일 학생들이 운동장에 모여 독립만세를 불렀다.
이날의 만세운동은 양성면 덕봉리 출신의 보성전문학교 학생이었던 남진우가 조회시간
에 학교에 와서 일본인 교장이 만류하는 가운데 한국인 교사들과 학생들을 이끌고 만세
를 불렀다. 양성공립보통학교 만세시위는 이후 일어난 원곡·양성면 만세운동의 시발점이
되었다.

양성초등학교 교정의 '안성3 · 1독립운동 발상지' 기념비

양성초등학교 정문을 나와 오른쪽으로 돌면 양성면사무소터가 나온다. 4월 1일 양성면의 각 마을 주민들이 동네별로 따로 만세운동을 벌이다 동항리에 집결한 곳이 이곳이었다. 1,000여명의 만세군중들이 돌아가려 할 때 원곡면 만세군중 1,000명과 합류하게 되었고, 2,000여 명으로 불어난 시위 군중들은 양성주재소로 몰려가 대한독립만세를 부르며 주재소를 소각했다. 이어서 양성우편소로 가서 집기를 불태웠으며, 양성면사무소에서도 물품을 파괴하고 서류를 불태웠다. 시위대는 일본인이 경영하는 잡화상과 대금업자의 집을 습격하여 가옥을 파괴하고 가구류와 기물들을 소각시켰다. 이로써 이 지역은 일제의 공권력이 사라진 2일간의 해방구가 되었다.

양성면사무소 터

양성주재소 터

삼남의 길목에서 외쳐진 '대한독립만세'

안성이라는 고장을 잘 설명하고 있는 곳이 안성장터이다. 안성은 예로부터 전라·충청·경상 삼남의 길목으로 돈과 물자가 유통되며 서울로 가는 곳이었다. 안성장터는 많은 수공업제품들이 유통되던 곳으로 서울에서 만세운동 소식이 전해지자 1919년 3월 11일 상인 50여명이 철시투쟁을 벌이며 만세운동이 시작되었다.

현재의 안성시장

안성장터에서 시작된 만세운동은 3월 30일 안성주재소 앞의 만세운동으로 이어졌다. 저녁 7시 100여 명의 군중이 태극기를 흔들며 만세운동이 시작되었고, 1000여 명으로 늘어난 군중들은 경찰서 앞에서 만세를 부르며 실력행사를 하였다. 그리고 면사무소를 습격하고 군청으로까지 진군하여 군수에게 만세를 부를 것을 요구하였다. 다음날 31일 오후 4시쯤에는 안성기생들이 만세를 부르며 운동이 다시 시작되어 1000여명의 군중이 다시 연합하여 경찰서와 면사무소를 에워싸고 만세운동을 전개했다.

이렇듯 안성기생들과 군중 천여명의 연합시위는 산상시위까지 이어졌다가 6시쯤 해산하였다. 그러나 오후 7시 30분쯤 만세운동이 다시 시작되어 횃불을 들고 3천여명이 시위하자 면장 민영선이 보통학교에 군중들을 모아놓고 회유하여 해산시켰다. 이때 군중들의 선두에서 만세를 불렀던 안성조합 기생들은 『조선미인보감(朝鮮美人寶鑑)』(朝鮮研究會, 1918년 7월)에 소개된 송계화(宋桂花, 당시 26세), 고비연(高飛鳶, 당시 20세), 변매화(卞

梅花, 당시 20세), 이봉선(李鳳仙, 당시 19세), 강연화(姜蓮花, 당시 19세) 등으로 파악된다.

현재 연립이 세워져 있는 안성주재소 터

대한독립만세의 목표가 된 관공서들

안성시 죽산면 죽산리에는 자그마한 죽산우체국이 서 있다. 이 곳도 만세운동의 현장이다. 1919년 4월 2일 양재옥과 안재헌의 주도 하에 죽산공립보통학교 학생 50여 명은 교내 독립만세위를 전개하였다. 이날 이죽면 두현리에서도 이기훈 등이 두현리에서 부역을 나와 도로를 수리하고 있던 인부들에게 '조선독립만세'를 부르라고 권유한 후 윤상구·조원경과 함께 주민들 수백 명을 모아 죽산주재소와 이죽면사무소 앞에서 독립만세시위를 주도하였다. 오전 11시경 시위대가 약 500명에 이르렀고, 시위대는 이죽면사무소, 죽산공립보통학교, 죽산주재소, 죽산우편소 등을 차례로 돌며 만세운동을 벌였다. 오후 4시경 다시 장터에 이르러 일부 군중은 해산하였다. 이후 이인영과 학생들은 각 동리에 사람을 보내 사람들을 다시 모아, 오후 8시에는 약 2,000여 명에 이르렀다. 시위대는 죽산주재소에 돌을 던져 유리창을 파괴하였으며, 죽산우편소 일부를 부수고 3일 새벽 1시에 자진 해산하였다. 이튿날인 3일 오전 5시경에 삼죽면 덕산리 방면에서 100여 명의 군중이 이죽면사무소에서 다시 만세운동을 벌이자 일제 경찰은 주저 없이 총을 쏘

현 죽산우체국인 죽산우편소 터

변해버린 이죽면사무소 터

아 대었다. 이로 인해 2명이 사망하고 4명이 부상을 당하였다.

　죽산우체국 앞으로 난 길을 조금 걷다 보면 시장거리가 나온다. 이곳이 3·1운동 당시 이죽면사무소가 있던 곳이다. 면사무소와 주재소, 우편소는 식민지의 말단행정을 시행했던 곳들로서 식민지배의 상징이자 지역민들을 옭아 메었던 곳이었다. 대한독립만세를 외치며 일제의 식민지배 기구 앞에서 만세를 불렀던 지난 100년을 오늘의 변화된 관공서 앞에서 확인해 본다.

제국침략을
온 몸으로 버텨 온
터전

드넓었던 마음의 고향 김포평야

김포하면 제일먼저 떠오르는 것이 드넓은 김포평야이다. 한강 줄기를 따라 서해안으로 이어지는 곳으로 드넓게 펼쳐진 평야에 곡식이 무르익어 황금물결을 이루었던 곳이다. 내 마음 속의 고향 같은 곳, 예로부터 외지인들을 넉넉한 인심과 따뜻한 정으로 맞이하며 인심 좋고 살기 좋은 곳이 김포다. 김포시는 직접적으로 서울과 통하고, 인천과 접하며 우리나라의 젖줄인 한강 하류로 이어지는 넓은 평야지역이라고 할 수 있다. 한강유역을 따라 김포1·2동, 양촌읍, 하성면으로 넓게 펼쳐지는 평원이 김포평야이다.

동이 트고 있는 김포평야

김포평야는 황금물결이 넘실대는 곡창지대로 예로부터 인심 좋고 살기 좋은 곳으로 풍부한 한강의 수자원을 바탕으로 우리 농경 역사의 중심지가 되어 왔다. 이곳에서 생산되는 김포쌀은 이른바 통진미(通津米)로 이름나 있으며, 지금은 '김포금쌀'의 브랜드가 개발되어 가격은 조금 비싸지만 씻지 않고도 밥을 해 먹을 수 있는 것으로 더 유명하다.

또한 쌀과 더불어 채소와 과수, 원예농업이 성했고, 특용작물로 인삼재배가 널리 행해지고 있다.

또한 김포는 강화도와 바다를 끼고 서양 제국주의의 침탈을 온 몸으로 막아냈던 근대의 격전장이다. 근대의 격전장을 말하여 주고 있는 김포 서쪽 해안의 덕포진 등이 있다는 것이 역사를 증명하고 있다. 또한 김포 대곶면에는 대명포구가 있다. 대명포구에서는 매년 4월이면 풍어제가 열린다. 겨울을 나고 모내기철이 되면 주꾸미가 넘쳐나고, 5~6월이면 밴댕이, 가을과 함께 찾아드는 살이 통통 오른 꽃게, 봄·가을 힘 있게 퍼덕이는 숭어, 늦가을이면 그물 가득 채운 새우젓의 짠 내가 입속에 침을 가득 고이게 한다.

대명포구 수산시장

김포는 고대의 역사와 전통문화, 식민지의 역사, 현대의 역사가 어우러지고 있는 중요한 도시이다. 여기에 더해서 천연기념물 제203호인 재두루미가 겨울을 나기 위해 찾아오는 한강 하류의 개펄이 있는 친환경적 도시이기도 하다.

하지만 현재 김포는 새로운 신도시로 완전히 탈바꿈 했다. 김포한강신도시 개발에 따른 택지 개발로 드넓었던 평야는 이제 아파트촌으로 바뀌어 버렸다. 인간은 수없이 많은 도시변화를 겪으면서 삶을 살아간다. 김포 또한 일제강점기 식민지의 커다란 도시변화를 겪었고, 해방 이후에도 끊임없는 도시변화가 진행되어 버렸다. 지금은 거의 사라지고 일부만 남아있는 김포평야를 바라보며 마음의 고향을 떠올려 본다.

천등고개에서 천둥소리가 울려 퍼진다.

서울에서 48번 국도를 따라 내려오다 보면 서울과 김포의 경계이자 김포시의 관문이라 할 수 있는 고촌면에 다다른다. 고촌면을 막 진입하는 곳은 조선시대 서해와 서울을 뱃길로 이으려고 운하공사를 하다 중단된 역사를 간직한 굴포천이 흐른다. 그리고 계속해서 직진하다 보면 양 옆에 아파트촌을 두고 '천등고개'가 나온다.

48번 도로를 만들고 확장하면서 옛날의 천등고개는 많이 낮아졌다. 예전 천등고개는 신곡리 마을과 천등마을을 잇는 매우 긴 고갯길이었다. 하지만 현재는 신곡리와 장곡부락을 잇는 고갯길이며 김포 관문의 첫 고개이다. 그리고 천등고개를 넘으면 또 한 고개가 있는데 이 고개를 '덧고개'라 부른다.

예전에 천등고개 주변의 산은 험하거나 높지는 않았지만 아름드리 수목들로 꽉 차 있었다. 때문에 그 속에는 산적들이 우글거렸다. 주민들은 대낮에도 마음 놓고 고개를 넘을 수가 없었다고 한다. 그래서 신곡리쪽이나 천등마을쪽 주민들이 상대편 마을을 방문하려면 일행이 '천 명'이 모여야 산적들을 피해 안심하고 고개를 넘을 수 있었다고 해서 붙여진 이름이 천등고개이다.

천명이 모여서 오르는 고개로 원래 천등(千嶝)고개 였을 것이나 어느 사이에 천등(天嶝)고개로 한자어가 바뀌어 사용되었다. 또한 이 고개는 조선후기 강화도령이 임금에 오르려고 상경하던 길에 행차가 늦는다고 호령하는 소리가 천둥소리 같았다 하여 '천둥고개'라고도 전하고 있다.

천등고개를 오르기 전 신곡사거리를 지나 오른쪽 샛길로 조금 진행하다 보면 고촌면사무소가 보이고 그 주변마을이 신곡리이다. 신곡리는 1919년 3월 24일 '대한독립만세'의 함성이 울려퍼진 곳이다. 3월 24일 고촌면 신곡리에서 김정국(金正國), 윤재영(尹在英), 윤주섭(尹周燮) 등의 주도하에 50여명이 마을 뒷산에 올라 조선독립만세를 고창했다. 그리고 다음날 25일 김정의(金正義), 김남산(金南山), 이흥돌(李興乭)은 미리 만세운동에 쓸 태극기를 2개 제작하여 약 50여명을 이끌고 동리 이상윤(李上允)의 집 앞마당에 모여 태극기를 흔들며 대한독립만세를 소리 높여 외쳤다. 고촌면 신곡리 시위를 주동했던 인물들은 20~30대의 학생 및 농업에 종사했던 주민들이었다.

천명이 모여야만 넘을 수 있었다는 천등고개에서 자주 독립을 희망했던 고촌면 주민들의 민족의 외침은 천둥소리가 되었다. 김포시의 첫 관문인 천등고개를 넘어가다보면 민족의 천둥소리가 귓전을 때린다.

도로가 되어 버린 천등고개

장터의 삶이 독립의 희망으로 샘솟는다.

김포의 관문인 고촌면의 두 고개를 넘으면 48번 국도가 이어지며 고가도로가 나온다. 원래는 오른쪽 밑의 도로가 원래의 48번 국도로 김포시내로 들어가는 길인데, 시내를 거치지 않고 바로 김포를 관통하여 강화도로 갈 수 있도록 도로가 만들어졌다. 이 도로를 따라 강화도를 가려면 반드시 양촌읍을 통과해야 한다. 양촌읍은 김포시의 중앙에 위치한 지역이다. 양촌읍을 지나야만 대곶면, 통진읍, 하성면, 월곶면으로 갈 수 있으며, 양촌읍은 남쪽으로 인천광역시 서구 검단동과도 경계를 이루고 있다.

양촌읍 읍소재지는 양곡이다. 양곡이란 이름은 1914년 일제가 양릉리(陽陵里)와 곡촌리(谷村里)의 머리글자를 합하여 만든 것이다. 읍내인 양곡리와 맞닿아 있는 오라니 마을이 있는데 이곳은 180여 호의 규모가 큰 마을이었다. 예전부터 오라리 장터로 불려오던 유서 깊은 마을로 인근 마을들 중에서 가장 큰 읍내로 여겨졌던 곳이다.

오라리 장터는 양곡면 면소재지로 진입하기 직전 오른쪽의 소로를 따라 약 100여m 가면 왼쪽으로 오라니 마을이 나타난다. 그리고 마을에서 오른쪽 방향으로 약 300여m를 더 진행하면 가현산 방향의 언덕배기 구릉지가 나타나는데 이곳이 오라리 장터였던 곳이다. 오라리 장터는 현재 양곡 사거리 쪽으로 옮겨졌다.

예전 장날이면 인근 20~30리 밖의 주민들까지 모여들어 김포군에서는 가장 번창했던 시장이었다. 이젠 오라리 장터의 옛 모습은 없다. 그러나 한쪽에 조성된 만세 공원에는 조용하게 당시 장터의 만세운동을 기념하고 있다. 오라리 장터에서는 선열들의 피맺힌 함성이 울려 퍼졌었다. 오라리 장터의 만세운동은 1919년 3월 23일 두 번에 걸쳐 크게 일어났다.

오라리 장터 만세운동의 핵심인물은 박충서(朴忠緖)였다. 박충서는 당시 22세의 고등보통학교 학생으로 3월 1일 서울의 만세운동에 참여했었다. 서울의 만세운동에 적극적으로 참여했던 박충서는 집으로 돌아와 박승각(朴勝珏), 박승만(朴勝萬), 안성환(安聖煥),

전태순(全泰順)과 함께 3월 19일 안성환의 집 골방에서 모임을 가졌다. 이들은 독립만세운동을 전개할 것을 결의하고 비분강개한 내용이 담긴 격문과 '독립만세를 부르기 위하여 모이라'는 취지의 경고문 10여 통을 작성하고, 이 뜻에 동참한 오인환(吳仁煥), 정억만(鄭億萬)과 함께 각자의 역할을 정하였다. 이들은 사전에 작성한 격문과 경고문을 양촌읍내의 각 곳에 배포하여 지역주민들에게 만세운동에 동참할 것을 권유하며 민심을 움직이기 시작하였다. 이들의 적극적인 독립의지에 동참한 주민 수백명이 3월 23일 오후 2시경 오라리 장터에 모여 준비한 태극기를 흔들며 '대한독립만세'를 소리 높여 외쳤다.

이후 오후 4시경 오라리 장터에서는 두 번째의 만세 함성이 울려 퍼졌다. 시장에 약 300여명이 모여 적극적으로 만세를 부르며 다시 한 번 독립의 의지를 불태웠다. 이 만세운동은 당시 대곶면 초원지리에 거주하며 서당의 교사로 활동하였던 정인섭(丁寅燮)과 임철모(林哲模)가 주도하였다. 정인섭은 만세운동 전날 22일 직접 무명천에 '독립만세'라고 쓴 태극기 1개를 만들어 놓고 운동 당일에 긴 대나무 장대에 메달아 군중 앞에서 기를 휘두르며 선창하여 군중을 이끌었다. 임철모도 준비한 태극기를 높이 들고 대한독립만세를 외치며 독립의 의지를 불태웠다. 시장의 서쪽에서 만세를 부르던 군중 약 300여명은 시장에서 주재소와 면사무소 등으로 몰려가고자 하였다. 그러나 일제의 강압적인 저지로 만세운동을 주도하던 정인섭과 임철모 두사람이 현장에서 체포되었다.

오라리 장터의 만세운동은 교사와 학생 등의 지식인과 농업에 종사했던 많은 지역주민들이 합심하여 삶에 대한 의지를 민족의 외침으로 보여준 적극적인 항일 운동이었다. 비록 오라리 장터가 양곡사거리 쪽으로 옮겨지면서 만세운동의 현장은 잊혀지는 듯했지만 지역민들의 노력으로 작지만 3·23만세운동 기념 공원이 양곡리 497번지에 만들어져 그날의 역사적 정신을 계승하고 있다. 양곡고등학교 옆으로 기념공원이 보인다. 이곳 기념공원에는 양촌읍민과 대곶면민들의 만세운동 유적비가 세워져 있다. 공원 뜰에서 기념비의 비문을 찬찬히 읽어보면서 가만히 그날의 함성을 떠올려 본다.

3 · 23 만세운동 기념 공원

양촌 대곶면민 만세운동 유적비

제국주의 침략에 다시 일어난 저항

양촌읍을 지나면 통진읍과 대곶면, 월곶면이다. 대곶면과 월곶면은 서해와 맞닿아 있으며, 해안에는 조석간만의 차가 심해 간석지가 넓게 발달해 있다. 그리고 이곳은 강화와 더불어 서울로 들어가는 외적을 방어하기 위한 덕포진(德浦鎭)과 문수산성(文殊山城)이 있다. 그야말로 제국주의 침략에 항거하며 격렬한 전투를 벌였던 근대의 격전장이라 할 수 있다.

월곶면 포내리에 있는 사적 제139호 문수산성은 조선시대 숙종년간에 만들어진 산성이다. 문수산성은 도성인 한성지역으로 진입하려는 외세를 막기 위한 관문으로 중요시되었으며 강화도에 대한 방어와 내륙으로 침입하는 적을 방어할 수 있는 저지선이었다. 현재 해안쪽의 성벽과 문루(門樓)는 없어지고 산등성이를 연결한 성곽은 형태가 남아있고, 부분적으로 복원이 진행되어 북문 및 남문은 복원되었다.

문수산성

해안 쪽의 성벽과 문루가 파괴된 것은 고종 3년(1866) 병인양요 때이다. 흥선대원군의 천주교 탄압에 대한 보복으로 프랑스군이 침략하였다. 프랑스군은 강화성을 함락시키고 서울로 진격하는 길을 확보하려고 문수산성을 공격해 치열한 격전이 벌어졌다. 이때 한성근이 이끄는 수비대는 끝까지 맞서 싸우며 내륙으로 진출하고자 했던 프랑스군을 물리쳤다.

문수산성을 돌아보면 조선시대 산성의 구조를 확인해 볼 수 있다. 기본적인 석성의 축조와 문루, 암문(비밀문) 등을 꼼꼼히 살펴보면 무지개(홍예) 문의 모습도 볼 수 있다. 또한 문수산은 소나무와 잣나무 등 침엽수가 빽빽하게 조성된 산림욕장으로 문수산성을 답사하면 자연스럽게 숲속의 향기 피톤치드를 만끽하며 몸이 상쾌해짐을 느낀다. 그리고 산 정상에서 북쪽으로 임진강과 북한 땅을 바라보며 분단의 아픔도 새삼 느낀다.

덕포진은 월곶면 아래로 대명포구 가는 길에서 갈라져 신안리에 있다. 조선시대의 진영으로 사적 제292호로 지정되었다. 덕포진은 처음 세워진 연대는 알 수 없으나 강화에 예속된 진이었고, 숙종 5년(1679) 강화의 광성보, 덕진진, 용두돈대 등과 함께 축성되었다. 덕포진은 강화의 진과 함께한 근대의 격전지로서 고종 8년(1871) 4월 3일 신미양요가 발생하여 미국 해병대가 침략하였을 때 강화도의 광성보를 비롯하여 덕진진과 이곳 덕포진에서 일제히 응사하여 발포함으로써 적을 물리쳤다.

1980년 이 지역 발굴조사에서 돈대지와 함께 포를 쏠 때 필요한 불씨를 보관하고, 동시에 포병을 지휘하던 장소 파수청지(把守廳地)가 확인되었고, 당시 포탄 7발과 상평통보 2개가 출토되었다. 건물지에는 주춧돌과 화덕 자리가 발견되어 보존되고 있다. 또한 2007년 새롭게 단장한 덕포진유물전시관에는 조선시대 사용했던 화포 등을 전시하여 그 위치와 포의 유효거리 등을 쉽게 이해할 수 있다. 덕포진에서 서해를 내려다보고 건너편 강화를 보면서 근대 외세의 침입에 항거했던 우리 민족의 용맹함과 울분이 느껴지는 듯하다. 저 멀리서 들리는 철썩거리는 파도 소리가 당시 외적을 향해 거침없이 쏘아대던 포탄소리로, 병사들의 외침소리로 들린다.

덕포진 한쪽에는 유명한 손돌묘(孫乭墓)가 있으며 매년 손돌묘의 제례가 진행된다. 고려 고종이 몽고병의 침략을 피하여 강화도로 가는 길에 배를 타고 이곳의 바닷길을 지나다가 물살이 쎄어 위험을 느낀 나머지 사공 손돌이 흉계를 꾸몄다고 오해하여 그를 처형하였다. 손돌은 죽기 전 물 위에 작은 바가지를 띄워 그 바가지를 따라가면 강화도에 무사히 도착할 것이라고 했다. 마침내 목적지에 무사히 도착한 고종은 자신의 경솔함을 인정하고 후하게 장사를 치러준 뒤 사당을 세워 억울하게 죽은 손돌의 넋을 위로하였다. 덕포진 앞의 좁고 물살이 센 바닷길을 손돌목이라 부르는 이유다. 근대의 격전장에서 느끼는 역사와의 만남이다.

이렇듯 조선후기 제국주의 침략에 항거하였던 항쟁지에서 다시금 민족의 함성이 울려퍼졌다. 1919년 3월 22일 월곶면 군하리에서 장날을 이용하여 만세운동이 시작되었다. 군하장터는 문수산성 가는 길 48번 국도를 따라가다 보이는 군하리 마을의 가장 중요한 곳이었다. 군하리 장날의 만세운동은 박용희(朴容義)가 주도하면서 성태영(成泰永) 등이 군중에게 '조선독립을 원하는 자는 향교로 모이라'고 권유하였다. 이에 백일환(白一煥)과 이살눔(李撒路美)이 적극적으로 지지하며 수백 명의 군중을 이끌고 군하리 향교 앞에 모였다. 400여명의 군중들은 통진(通津) 공립보통학교, 월곶면사무소, 군하리 경찰관 주재소 등으로 이동하며 힘찬 만세운동을 벌였다.

3월 29일에는 월곶면 통진읍내에서 윤종근, 조남윤, 최우석 등의 주도 아래 주민 400여명이 향교 앞과 월곶면사무소 앞에서 독립만세를 외치며 만세운동을 전개하였다. 월곶면 통진의 만세운동도 젊은 청년들이 중심이 되어 만세운동 전에 계획을 세우고 주민들을 독려하여 이루어졌다. 그리고 이들은 전통의 모습을 간직한 향교 앞에서 만세를 부르고는 면사무소로 향하여 식민행정에 대항하여 대한독립만세를 소리 높여 외치면서 만세운동을 전개하였다.

48번 국도를 따라 가는 길 문수산성 가기 전 오른 편으로 군하리 마을의 전경이 보인다. 군하리 모습을 보고 조금 지나치면 김포대학 가기 바로 전 도로 왼편으로 3·1만세기념공원이 휴게소처럼 자리 잡고 있다. 이 곳에는 당시 월곶면민들의 만세운동을 기념하기 위한 작은 만세유적비가 세워져 있다. 만세유적비는 그날의 함성을 침묵한 채 군하리와 문수산을 지켜보고 있다.

3·1만세 기념공원

월곶면민 만세운동 유적비

강화대교를 넘어가며 용흥궁에서 마주한 대한독립

김포에서 강화를 넘어가는 강화대교를 따라가다 보면 강화읍내의 용흥궁을 만난다. 강화도는 김포반도에 이어진 내륙이 오랜 세월 침강하면서 섬이 되었다. 오늘날 제주, 거제, 진도, 남해에 이어 우리나라에서 다섯 번째로 큰 섬이다. 강화도는 우리 민족의 성지이기도 하다. 시조 단군이 내려오신 이후 마니산 참성단에서 제사 지내며 지금도 하늘의 뜻을 이어받고 있기 때문이다. 더불어 굳이 강조하지 않아도 강화도는 우리 역사의 무수히 많은 아픔을 안고 있는 곳이다. 한강과 예성강, 임진강의 어귀에 있으면서 서울의 관문이었던 강화는 수난의 역사와 함께 한다.

근대 제국주의가 호시탐탐 우리나라를 노렸을 때 제국의 침략을 온 몸으로 막아냈던 곳이 강화이다. 프랑스의 침략을 물리쳤던 병인양요(1866)와 미국의 침략을 물리쳤던 신미양요(1871), 그리고 일본제국의 침략의 발판이 되었던 운요호 사건(1874) 등을 우린 기억한다. 또한 1876년 일본제국은 군함 8척을 강화 갑곶 앞바다에 대놓고 무력시위를 벌여 이른바 '강화도 조약'을 체결시켰다. '조선은 자주국으로 일본과 동등한 권리를 가진다'고 했지만, 조선연안의 측량권을 일본인에게 허용하고, 개항장의 범죄를 속인주의에 입각하여 자국의 법에 따라 처리한다는 치외법권 조항 등이 들어있다. 우리나라 최초의 근대 조약이자 불평등 조약이었다. 즉 강화도조약은 식민지배를 위한 일본의 속셈을 드러내며 정치·군사적 침략의도를 드러낸 것이었다.

침략과 극복의 역사를 간직한 강화도의 강화읍에서 경기지역 최대 규모의 만세운동이 벌어졌다. 그래서 용흥공원에는 '강화3·1독립운동 기념비'가 세워져 있다. 당시 강화군의 3·1운동은 무려 2만여 명이 참여한 가운데 비교적 평화적으로 진행된 전국 최대의 만세운동이었다.

용흥공원의 '강화3·1독립운동기념비'

강화군 3·1운동을 주도한 사람은 유봉진(劉鳳鎭)과 황도문(黃道文)이었다. 유봉진은 길상면 온수리 출신인데 3·1운동 당시 34세로 구한말 진위대 군인으로 이동휘의 직계 부하였으며 독실한 기독교신자였다. 그는 경성의 3·1운동 소식을 듣고 3월 9일 온수리 감리교 목사 이진형(李鎭亨)과 황유부(黃有富)·황도문과 함께 운동을 사전 모의하고 「독립선언서」와 『국민회보』를 찍어 배포했다. 이것이 곧 강화도 3·1운동의 출발점이 되었다.

강화군에서는 3월 중순부터 4월 중순까지 읍내를 비롯하여 각 면 리 대부분의 지역에서 만세운동이 일어났다. 최초의 만세운동은 3월 13일 부내면 읍내 장날을 이용하여 전개되었는데, 일본 군경의 사전 단속으로 크게 확대되지 못하고 보통학교와 고등보통학교 학생들만의 만세운동으로 그쳤다. 그러나 5일후인 18일 장날에는 2만여 명의 군중들이 모여 만세운동이 벌어졌다. 군중들은 신문리와 관청리 사이의 돌다리 부근에서 만세를 시작하여 시장, 군청, 객사, 향교 등을 돌며 '대한독립만세'를 외쳤다. 경기도내의 시위에서 가장 많은 군중이 동원된 것으로 확인되는 이날의 시위는 강화군내의 기독교 조직이 중심이 되어 촉발되었다. 앞에 말한 기독교인 유봉진이 주동이 되어 인근 동리의 교회 등을 통해 각 지역에 연락함으로써 시작되었다. 이날의 시위군중이 2만 명에 달하자 일제경찰은 주동자들을 체포했다가 놓아주기도 했으며, 군수나 경찰서장도 시위대의 기세에 눌려 '독립만세'를 부르기까지 하였다. 강화군의 운동은 경찰과 관헌이 미쳐 시위 군중을 진압하지 못하여 만세운동 초기부터 군중의 기세가 등등하였다. 이와 같이 강화군의 3·1운동은 경찰과의 무력 충돌이 없이 평화적인 '만세'구호 행진으로 진행되었다.

3·1운동의 현장 강화읍사무소

그날의 함성, 독립운동의 길

지금 강화읍사무소 주위가 모두 3·1만세운동의 항쟁지인 것이다. 강화읍사무소 오른쪽 한켠에 '죽산조봉암생가터' 표석이 있다. 죽산(竹山) 조봉암(曺奉岩)은 1899년 강화 빈농의 아들로 태어났다. 강화보통학교와 농업보습학교를 졸업하고 강화군청에서 일을 했다. 강화에서 3·1운동이 일어나자 참여했다가 1년간 옥고를 치렀다. 이후 상경하여 YMCA중학부에서 1년간 배운 후 일본으로 건너가 중앙대학에서 정치학을 공부하고 비밀결사 단체인 흑도회(黑濤會)에 참여 사회주의 이념에 의한 독립쟁취를 목표로 항일 운동을 시작했다. 코민테른 원동부 조선대표로 임명되어 ML당을 조직하고 활약하다 1930년 일제 경찰에 잡혀 신의주형무소에서 7년간 복역했다. 조선공산당 중앙간부 겸 인천지구 민전의장으로도 활동했다. 해방 이후 전향하여 대한민국 건국에 참여하였고, 초대 농림부장관과 국회부의장을 역임하였다. 1956년 진보당을 창당 위원장이 되었으나 1958년 1월 국가보안법 위반으로 체포되어 1959년 7월 사형이 집행되었다. 그의 한 많은 인생은 52년이 지난 2011년 1월 대법원의 무죄판결로 신원이 복권되었다. 강화읍사무소에 서면 일제강점기 독립운동의 역사뿐만 아니라 조봉암을 통해 우리 현대사의 질곡도 느껴볼 수 있다.

강화읍사무소를 끼고 용흥공원 쪽으로 걷다 보면 '그날의 함성 독립운동길'이 작게나마 조성되어 독립만세이야기를 펼치며, 용흥공원의 3·1운동기념비와 조우한다.

죽산 조봉암 생가터

용흥공원

　용흥공원의 용흥궁은 강화도령 철종(1831~1863)이 왕위에 오르기 전 19살까지 살았던 집이다. 원래는 보통 민가였는데 철종이 왕위에 오른 뒤 강화유수 정기세가 철종4년(1853)에 건물을 새로 짓고 용흥궁이라 했고, 고종 때(1903) 청안군 이재순이 중수했다.

　용흥공원에서 3.1운동기념비를 보고나면 공원 위쪽의 강화성당이 보이고, 그 아래 용흥궁의 입구가 있다. 성공회 강화성당은 1900년 대한성공회 초대 주교인 코르프 주교에 의해 건립되었다. 1889년 코르프는 영국에서 한국주교로 서품을 받으면서 대한성공회의 역사가 시작되었다. 코르프는 7년 뒤인 1896년 6월 강화에서 한국인 신자에게 세례를 주고, 1900년 대한성공회로서는 가장 먼저 강화에 성당을 건립했다. 강화성당은 전통적인 한옥구조물에 기독교식 건축양식을 수용해 지었다. 겉모습은 전통 한옥이고, 내부는 기독교의 전통 예배당으로 꾸몄다.

용흥궁

성공회 강화성당

교회에서 대한독립을 모의하고 독립선언서를 인쇄하다

강화도의 3·1운동은 기독교도가 주도했다. 길상면에는 그 유구한 역사를 간직한 교회가 지금도 하나님의 말씀을 전도 중이다. 길직리에는 강화초대교회인 길직교회가 그 역사를 간직하고 있다.

1919년 3월 9일 길직리교회에서 길직리의 조종환(趙鍾桓) 등과 선두리의 황유부·황도문, 온수리의 유봉진, 상방리의 이진형 목사 등이 회합하였다. 이들은 주로 길직교회와 선두리교회의 지도급 인사들이었다. 이 자리에서 서울의 만세운동에 참가하고 돌아온 황도문과 조종환은 서울에서의 만세운동을 전하고 강화에서도 만세운동을 할 것을 제안하였다. 이에 돌아오는 장날 중 여건이 좋은 날을 정해 이진형 목사가 부내면 신문리의 잠두교회와 의논하여 거사를 일으킬 것을 결의하였다. 이후 여러 차례의 협의를 통해 18일 장날을 거사일로 정해 20,000명이 참여한 대대적인 만세운동이 일어나게 되었다.

다시 길상면 선두리의 좁은 마을길을 구비 구비 지나면 선두리교회가 나온다. 1919년 3월 18일 일어난 강화 3·1운동 만세시위에 쓰일 독립선언서를 등사·인쇄한 장소이다. 1919년 3·1만세운동 소식이 전해지자 황도문·유경호·염성오 등은 강화군민의 만세운동을 위해 선두리교회 황유부 전도사의 집에서 등사판을 이용하여 독립선언서와 국민회보 수백 매를 인쇄하였다. 황도문은 더불어 「강화인민에게」라는 문서와 독립가를 작성하여 인쇄하였다. 이 인쇄물은 염성오를 통해 상방리, 문산리 등에 배포되었다. 또 염성오

길직교회

는 자신의 누이를 통해 불은면 두운리, 선원면 창리, 송해면장 고성근 등에게 배포하였다. 읍내에는 국화리에 사는 감리교회 전도부인 김유의가 17일 밤 국화리 게시판에 게시하는 등 조직적으로 시위운동을 준비하였다.

이러한 조직력과 신념이 최대 규모의 만세운동을 이끌어낸 힘이 되었다. 선두리교회의 3·1만세운동기념비를 참배해 본다.

선두리교회

선두리교회 3 · 1독립만세운동기념비

강화의병 전투지 전등사를 돌아 서양 침략을 물리친 현장에서

강화도에서 많은 사람들의 발길이 이어지는 곳이 전등사이다. 볼 수 있는 문화재와 이야기 거리가 많아서 일 것이다. 전등사는 고구려 소수림왕 2년(372) 아도화상이 신라의 일선군(현재 경북 선산)에 불교를 전파하기 전 이곳 강화 전등사의 개산조가 되었고 당시 진종사였다는 유서 깊은 설이 전한다. 사실 고려 이전의 기록은 전하지 않고 있으나 전등사는 유서 깊은 사찰임에는 틀림 없다. 전등사 정문인 삼랑성문 앞에는 가게들이 즐비하다. 그 가게들을 지나 문으로 들어서면 양헌수(梁憲洙, 1816~1888) 장군의 승전비를 만난다. 조선 말기의 무신인 양헌수 장군은 1866년 병인양요가 발발하자 정족산성의 수성장이 되었고, 순무장군 이용희의 명령을 받아 별군관 등 367명을 이끌고 광성보의 손돌목을 지키게 된다. 그런데 프랑스군이 물밀 듯이 밀려들자 양헌수는 몰래 군대를 이끌고 정족산성에 매복한다. 10월 3일 예상했던대로 프랑스 해군대령 올리비에는 부대원 160명을 이끌고 정족산을 함락시키러 들어왔다가, 매복해 있던 양헌수 군대와 치열한 전투를 벌인다. 조선군은 이 전투에서 많은 무기를 노획하는 전과를 올리고 마침내 프랑스군을 물리쳤다.

이후 의병전쟁이 일어났을 때 이곳 전등사는 또 한 번 외적과의 교전을 벌였다. 1907년 군대 해산 후 시위대 장교로 있다 낙향한 부내면 국정리 출신의 이능권(李能權)은 주민들을 모아 대동창의단을 조직하여 친일파·밀정 등을 처단하고 군자금 모집활동을 하였다. 1908년 강화에서 이능권을 중심으로 한 의병의 활동이 계속되자, 일제는 같은 해 10월 용산주둔 일본군 제6사단 예하의 제13연대 70여 명의 병력을 강화로 투입하였다. 결국 10월 30일부터 31일 양일 간 전등사에서 일본군

전등사 입구

과 이능권부대 사이에 격렬한 전투가 벌어졌다. 이능권부대는 화력의 열세에도 불구하고 일본군을 격퇴하였다. 읍내로 철수한 일본군은 11월 1일 재차 전등사에 출진하였으나, 이미 의병은 자취를 감추고 없었다.

길상리에서 전등사를 거쳐 해안도로로 나오다 보면 광성보를 마주한다. 강화를 들어갈 때 북쪽의 강화대교를 통했다면 나올 때는 해안도로를 따라 국방유적인 광성보와, 덕진진, 초지진 등을 보며 초지대교를 넘어 김포로 들어온다. 이들 국방유적은 강화를 지키고 서울을 지키는 요새였다. 고종3년(1866) 병인양요가 발발하자 프랑스군과 공방전을 펼쳤고, 고종 8년(1871) 신미양요 때는 미군 함대에 의해 초지진과 덕진진에 이어 광성보마저 포위되는 등 가장 격렬한 격전지 였다. 당시 미군은 9인치, 8인치 등 85문의 대포를 쏘아댔으나 조선군은 정조준조차 안되는 대포와 소포가 전부였다. 이때 광성보를 지키고 있던 어재연 장군은 전 수비군을 이끌고 포탄이 떨어지자 칼과 창으로, 마지막엔 맨주먹으로 대항하여 싸웠다. 그러나 신무기로 무장하고 공격해 오는 적들을 이길 수는 없었다. 결국 어재연 장군과 동생 어재순, 장병 200여명이 이틀간의 사투를 벌이고 모두 전사하였다. 광성보 내에는 신미양요 때 순국한 어재연 장군 형제의 쌍충비가 세워져 있고, 신미양요 때 싸운 순국무명용사비가 있어 그들을 기리고 있다.

강화는 수도 서울로 들어가는 관문이다. 지금은 거꾸로 서울에서 휴양지로서 강화를 들어가는 사람들이 많다. 그 차량의 흐름을 지켜보며 19세기 이후로 외세의 침략에 격렬하게 대응하였던 격전장을 떠올려 본다. 성벽의 포탄 자국이 말없이 그 사실을 증명하고 있다. 강화, 그곳은 민족의식과 저항의식이 투철한 곳이다.

광성보

영원한 누나,
3·1운동의 아이콘

3·1운동의 영원한 아이콘, 유관순

우리는 역사를 기억할 때 가장 먼저 영웅들을 떠 올린다. 역사 속 영웅들은 후대의 역사가들이 만들어 기억하는 것이라고 생각할 수 있다. 하지만 영웅은 시대가 만들고 영웅들 자체의 삶이 영웅을 만든다. 영웅들의 삶 자체가 영웅적이라는 것이다.

역사를 체계적으로 배우지 않은 대한민국 국민이라도 누구나 기억하는 영웅들이 있다. 역사 속에 대왕하면 누가 떠오르십니까?라는 질문에 많은 이들은 아니 이 질문을 받은 모든 이들은 제일먼저 '세종대왕'이라고 답할 것이다. 또한 장군하면 당연지사로 '이순신 장군'을 떠 올릴 것이고, 역사 속에 유일한 누나는 '유관순 누나'를 자랑스럽게 기억할 것이다.

유관순 열사 기념관의 유관순 열사상　　유관순 열사 추모각

　　세종대왕, 이순신 장군, 유관순 누나는 모두 우리 역사 속에 한 획을 그은 영웅들임에 틀림없다. 세종대왕은 집현적 학자들과 함께 백성을 위한 군주로서 정치를 펼치며 우리의 글 '한글'을 창제했다. 이순신 장군은 '저에게는 아직 12척의 배가 남아있사옵니다.'라며 우리의 땅과 백성을 지키기 위해 살신성인 했다. 유관순 누나 역시 마찬가지다. 조국의 독립을 위해 '대한독립만세'를 외치며 빼앗긴 들에서 저항의 아이콘이 되었고, 꽃다운 나이에 차디찬 감옥의 이슬이 되었다. 남아있는 유관순 누나의 수형기록부 사진은 얼굴이 퉁퉁 부어 있는 모습으로 우리와 마주하고 있다. 그러나 그 표정 안의 결의만큼은 완고하게 느껴진다.

　　유관순 누나가 수감되어 있던 서대문 형무소 여감방 8호실. 그 곳엔 감리교 전도부인 어윤희, 구세군 사관부인 임명애, 전도사 신관빈, 유치원 교사 권애라, 그리고 수원기생 김향화도 유관순과 함께였다. 그들을 보고 싶어지는 마음과 그리움이 더욱 사무친다.

비 내리는 유관순 생가에 서서

비가 내린다. 촉촉한 봄비가 내리는 날 유관순 생가 앞에 서있다. 유관순 생가는 1991년 복원되었다. 생가는 초가집이며 1972년 10월 14일 봉화지(烽火址)와 함께 사적 제 230호로 지정되었다. 방안에는 유관순이 가족들과 함께 독립운동을 모의하는 모습이 모형으로 만들어져 있다. 생가 바로 옆에는 매봉교회가 서있고, 생가 뒤로는 자그마하지만 큰 울림을 간직한 매봉산이 봄비의 운무로 덮혀 있다. 천안군 이동면 지령리는 지렁이 마을로 불린다. 해발 169m의 매봉산이 광기천 골짜기를 타고 불어오는 바람을 막아주며 정면으로 맞서고 있다. 유관순이 바로 이곳 매봉산 정상에서 1919년 3월 31일 봉화를 올렸다. 만세운동의 시작을 알린 곳. 높지 않은 산이지만 가파른 계단을 향해 거친 숨을 몰아 쉬며 빗소리와 함께 올라본다. 촉촉이 내리는 비 때문일까. 매봉산의 정상은 안개가 자욱한 가운데 1977년 10월 12일 건립된 매봉산 봉화 탑이 우뚝 서있다.

매봉산 봉화탑

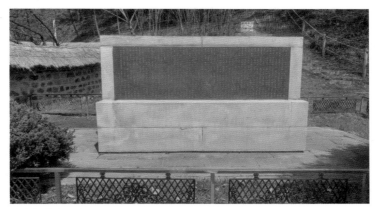
유관순 생가 묘비

　유관순(柳寬順)은 1902년 12월 16일, 충청남도 목천군 이동면 지령리(지금의 천안시 병천면 용두리)에서 아버지 유중권(柳重權)과 어머니 이소제(李少悌) 사이의 3남 2녀 중 둘째 딸로 태어났다. 유관순은 일찍부터 개신교 집안의 분위기 속에서 자랐다. 유관순 생가 옆에는 매봉교회가 우뚝 서 있다. 매봉교회는 1901년 세워진 지령리 교회로부터 시작된다. 지령리 교회는 1901년경 들어섰으나, 1907년 8월 많은 교인들이 국채보상운동에 동참하자 11월경에 일본군이 의병운동 진압을 핑계로 불을 질러 소실되었다. 이후 지령리의 유빈기(柳斌基)와 조인원(趙仁元) 등이 노력하여 1908년에 다시 교회가 세워졌다. 1932년 교회의 운영이 어려워져 문을 닫았다가 해방 이후 1966년 이화여자고등학교가 창립 60주년 기념사업의 일환으로 교회 복구 사업을 전개하여 이듬해 매봉교회라는 이름으로 교회당이 건립되었다. 30여 년이 지난 뒤 교회 건물이 노후해지자 기독교대한감리회가 교단적 차원에서 교회 신축 사업을 전개하여 현재의 교회 건물이 탄생했다. 매봉교회는 한말의 국채보상운동 참여와 진명학교 건립, 그리고 3·1운동 당시 아우내 장터의 만세운동 주도를 통하여 한국 근대의 민족독립 운동에 기여한 교회로 평가받고 있다.

　유관순은 어릴 때부터 지령리 교회를 다녔고, 1915년 지령리 교회에 자주 들르던 샤프(Alice Hammond Sharp, 한국명 史愛理施) 선교사의 추천을 받아 교비 유학생으로 이화학당 보통과에 편입하였다. 유관순은 1918년 3월 18일 이화학당 보통과를 졸업하고, 같은 해 4월 1일 고등과 1학년에 진학하였다. 이화학당에서는 1905년 을사늑약 이후, 조국 독립을 기원하는 기도회와 시국토론회 및 강연회 등이 개최되었는데 유관순이 독립의 의지와 민족정신을 함양하는데 큰 영향을 미쳤다.

더구나 유관순은 1915년 이화학당에 온 때부터 손정도 목사가 1918년 6월 정동교회를 떠나 본격적인 민족독립운동에 나설 때까지 만 3년간, 일요일이면 정동교회 예배에 참석했다. 그녀는 이화와 배재 학생들에게 특히 열성을 기울인 손정도 목사로부터 많은 영향을 받았다.

1919년 1월 21일, 고종황제가 서거하자 이화학당 학생들은 상복을 입고, 휴교에 들어갔으며, 2월 28일에는 정기모임을 통해 전교생이 적극적으로 만세를 부르기로 결의하였다. 이화학당 학생들은 파고다공원에서 벌어진 3·1 만세운동에 직접 참여하였는데 유관순도 기숙사를 빠져나와 대한문 앞에서 망곡(望哭)을 한 뒤, 남대문으로 향하는 시위 행렬에 합류하였다. 이후 3월 5일, 학생 연합 시위가 벌어졌을 때 이화학당 학생들이 적극적으로 참여하게 되었는데 유관순도 함께 만세를 부르다가 일경에 붙잡혔다가 바로 석방되었다.

학생들의 시위가 극심해지자 일제는 3월 10일 전국적으로 휴교령을 내렸고, 학교로 갈 수 없게 된 유관순은 13일 기차를 통해 고향으로 돌아왔다. 고향에 돌아온 유관순은 부친 유중권과 조인원 등 마을 어른들에게 서울에서의 만세운동 소식을 전하고, 숨겨온 독립선언서를 내놓으며, 병천 시장에서 독립만세운동을 벌일 계획을 상의하였다.

유관순과 사촌 언니 유예도는 만세운동에 주민들이 사용할 태극기를 만드는 등 만반의 준비를 하였고, 1919년 4월 1일, 조인원·유중권·유중무 등과 함께 병천 시장에서 수천 명이 참여한 만세시위를 주도하였다. 안타깝게도 만세운동 과정에서 유관순은 부모님을 잃었다.

유관순은 주도자로 체포되었고 공주교도소에 수감되었다. 5월 9일, 유관순은 공주

지방법원에서 5년형을 언도받았고, 중형을 받은 사람들과 경성복심법원으로 넘겨져 6월 30일 경성복심법원에서 3년형을 언도받았다. 함께 재판 받은 사람들은 모두 고등법원에 상고하였으나, 일제의 재판권을 인정하지 않은 유관순은 상고하지 않았다.

서대문형무소에 수감된 유관순은 이신애, 어윤희, 박인덕 등과 함께 1920년 3월 1일 오후 2시를 기해 3·1운동 1주년 기념식을 갖고, 옥중 만세운동을 전개하였다. 옥중에서의 순탄치 않은 생활 속에 목숨을 건 결의에 찬 행동이었다. 때문에 유관순은 다른 많은 애국지사들과 더 심한 고문을 당하였다. 1920년 4월 28일 영친왕(英親王)의 결혼 기념 특사령으로 유관순의 형기가 1년 6개월로 단축되었다. 하지만 오랫동안 계속된 고문과 영양실조로 1920년 9월 28일 오전 8시 20분, 유관순은 18세의 나이로 옥중에서 순국하였다.

이화학당의 노력 끝에 1920년 10월 12일, 유관순의 시신이 이화학당으로 인도 되었다. 이화학당의 학생들은 통곡하였다. 10월 14일 이화학당 측은 정동교회 김종우 목사의 주례로 이태원 공동묘지에서 조촐히 유관순의 장례를 지냈다. 이후 일제가 이태원 공동묘지를 군용기지로 개발하면서, 유관순의 묘는 미아리 공동묘지로 이장되었으나

비 내리는 유관순 생가와 매봉교회

실전(失傳)되었고, 현재 유관순 생가의 뒷산인 매봉산에 1989년 10월 12일 초혼묘(招魂墓)가 봉안되어 있다.

유관순 열사의 탄생 100주년을 맞았던 2003년 4월 1일에는 유관순 열사 기념관이 개관을 했다. 우리의 영원한 누나의 짧지만 굵은 일생과 아우내장터의 만세운동이 재현되어 있다.

아우내 장터의 외침

3월 14일, 목천보통학교에서 만세시위가 일어났다. 이날 오후 4시 목천보통학교 학생 120여명은 교정에서 평화적인 만세운동을 벌였다. 목천보통학교 교정 한 쪽에 있는 관아의 한 건물에 일본군 헌병분견대가 있었다. 목천보통학교 학생들은 헌병대 바로 정면에서 태극기를 들고 나와 '대한독립만세'를 외쳤다. 그리고 목천 읍내로 진출하여 만세운동을 이어갔다. 당황한 일제 헌병대는 주모자 4명을 체포하고 시위대를 해산시켰다. 목천보통학교의 만세운동은 아우내 장터 만세운동의 시발점이었다.

아우내, 천이 조용히 흐르고 있다. 북면 대평리가 발원지인 아우내는 뱀배미들을 적신 후 방향을 바꾸어 동으로 흐르며 산방천을 합치고, 병천에 와서 광기천과 만화천을 합친다. 이렇게 네 줄기의 내를 하나로 모아 흐른다고 해서 아우내라 하였다.

1919년 4월 1일 오후 1시 아우내 장터의 함성은 시작되었다. 장터에 모인 3,000여명의 '대한독립만세'가 조인원의 선언문 낭독과 함께 울려 퍼졌다. 3,000여명의 군중들은 500~600백 개의 태극기를 흔들며 헌병주재소 앞으로 몰려갔고, 주재소에 있던 헌병과 보병들은 시위 군중들에게 발포하였다. 군중들은 일제 헌병경찰의 발포에도 굴하지 않고 병천으로 통하는 전선을 절단하고, 면사무소와 우편소를 공격했다. 일제는 아우내 장터의 만세 보고를 받은 직후 천안 철도엄호대장 기네 대위 등 6명을 급파하였고 병기를 사용하여 적극 진압에 나서 시위 군중들을 해산시켰다. 결국 조선인 61명이 부상당하고 18명이 숨을 거두었다. 희생자 속에는 유관순의 아버지와 어머니가 사망했고, 친척들과 많은 동리 주민들이 부상당하거나 사망했다. 부상과 사망의 기록은 일제의 보고 기록이다. 이보다 더 많은 이들이 희생되었음은 두말할 필요가 없다.

아우내 장터는 '병천 순대'로 유명하다. 역사적 현장 아우내 장터를 둘러보다 허기진 몸과 마음에 순대국밥 한 그릇을 먹고 있자면 귓가에 자꾸 '대한독립만세'의 함성이 들리는 착각에 빠진다.

아우내 장터

조인원의 아들 조병옥과 대한민국임시정부의 석오 이동녕

유관순 생가에서 앞을 바라보면 지령리 마을은 정말 작은 마을이었음을 알 수 있다. 하지만 이 작은 마을에 독립운동에 투신했다가 현대사의 한페이지를 장식했던 조병옥의 생가가 있다. 조병옥의 아버지는 아우내장터 만세운동의 주동인물이었던 조인원이었다. 사실 이 작은 마을의 모든 주민들이 만세운동에 동참하면서 모두가 하나 된 독립운동가들이라고 말할 수 있다.

조병옥은 고향에서 한학을 배우고 공주 영명학교와 평양 숭실중학교를 다녔다. 그리고 연희전문학교에 입학하여 1914년 졸업하였다. 이후 미국 유학길에 올라 1918년 펜실바니아주 와이오밍 고교를 졸업하고 컬럼비아 대학에서 수학하고 대학원까지 진학하여 1925년『조선의 토지제도』로 박사학위를 받았다.

아우내장터의 만세운동이 벌어졌을 때 그는 미국에 있었다. 1919년 4월 13일부터 4월 15일까지 3일간 필라델피아에서 개최된 제1차 한인연합회의에 참석하였고, 4월 16일에는 서재필의 주도로 열린 '한인자유대회'에 참석하였다. 박사학위를 받은 1925년에 귀국하여 연희전문학교 교수로 있으면서 독립운동에 투신하게 되었다. 신간회 창립에 참가하였고, 1929년에는 광주학생운동 탄압을 규탄하는 민중대회를 열어 광주학생운동의 배후조종 혐의로 한용운 등과 함께 3년형을 언도받고 감옥에 수감되었다.

조병옥은 미국 체류 중 안창호와 교류하면서 큰 영향을 받게 되었고, 기호지역인 충청도 출신임에도 불구하고 서북파가 주도하던 흥사단·수양동우회의 활동에도 참여하게 되었다. 귀국 후 윤치호를 만나기도 했지만 안창호의 강력한 영향아래 있던 이광수를 찾아가 함께 흥사단과 수양동우회의 국내 지부 결성을 추진했다. 1937년 수양동우회 사건으로 수감되어 2년을 복역하였다.

해방 후 한국민주당 창당에 참가하면서 정치 활동을 시작하여 1954년 5월 대구에서 제3대 민의원 선거에 당선되었고, 1956년 민주당 대표 최고위원으로 추대되어 1959년 11월 26일 민주당 대통령 후보가 되었다. 하지만 갑자기 병이 생겨 미국으로 건너가 미국 월터리드 육군병원에 입원하였으나 입원한 지 23일 만에, 선거를 불과 한 달여 남겨두고 심장마비로 사망하였다.

조병옥 생가

이 지역의 또 다른 독립운동가로서 3·1운동의 출발을 알렸던 목천보통학교 옆에는 석오 이동녕 생가와 기념관이 만들어져 있다. 석오 이동녕은 고향 서당에서 전통 교육을 받았다. 아버지를 따라 서울과 경상북도 영해, 평양, 원산 등지로 돌아다녔고, 1896년 독립협회에 가담, 개화 민권의 기수로 구국운동을 전개하였다. 다음 해 독립협회 주최로 서울 종로 네거리에서 만민공동회(萬民共同會)가 열렸을 때 잘못된 정치를 탄핵하고 상소하며 국민운동 일선에 나섰다. 이로 인해 이준(李儁)·이승만(李承晩)과 함께 옥고를 치렀다.

1905년 을사조약이 일제의 강압으로 체결되자 동지들과 결사대를 조직하였다. 이 조약이 체결된 덕수궁 대한문(大漢門) 앞에서 연좌시위를 벌이면서 조약의 무효와 파기를 선언했다가 일본 헌병에 잡혀 2개월 간 고문을 받았다.

1906년 만주 북간도 용정촌(龍井村)으로 망명하여 동지들과 서전의숙(瑞甸義塾)을 설립하였다. 1907년 귀국하여 여러 동지들과 신민회(新民會)를 조직하여 활동하고, 상동학교(尙洞學校)를 설립하여 교사로 재직하기도 하였다.

1910년 나라를 일제에 빼앗긴 뒤 만주 서간도 유하현(柳河縣) 삼원보(三源堡)에 망명

이동녕 좌상과 생가

하였다. 이석영(李石榮)·이철영(李哲榮)·이회영·이시영(李始榮)·이상룡(李相龍) 등과 함께 한국인 자치기관인 경학사(耕學社)를 설립해 교포들의 신분 보장과 독립정신 고취에 앞장섰다. 곧이어 신흥학교(新興學校)를 설립하고 초대 소장으로 취임하였다. 1913년 노령 블라디보스토크로 떠나 대종교에 입교하였다. 2년 뒤 이상설의 알선으로 시베리아총독 보스타빈이 약속한 한국군관학교(韓國軍官學校) 설립을 추진하다가 발각되어 3개월 간 투옥되었다.

국내에서 3·1운동이 일어나자 4월 13일 임시의정원(臨時議政院)의 초대 의장으로 선임되어 대한민국임시정부의 탄생을 주선하였다. 4월 13일 28명의 동지들과 임시정부 수립을 내외에 선포하고 얼마 뒤 국무총리로 취임하였다. 이후 대한민국임시정부의 중추적 인물로서 활동하며 국무총리, 의정원의장, 임시정부의 주석이 되었다. 또한 한국국민당을 조직하여 대표로서 대한광복진선(大韓光復陣線)을 결속하고 진로를 모색하였다. 1939년 대한민국임시정부의 네번째 주석(1939~1940)이 되어 김구와 합심해 전시 내각을 구성, 시안[西安]에 군사특파단을 파견하기도 하였으나, 조국 광복을 보지 못한채 1940년 급성폐렴으로 쓰촨성[四川省] 치장[綦江]에서 숨을 거두었다.

국내와 만주, 연해주 등지에서 여러 동지들과 숨 가쁘게 조국의 독립을 위해 달려 온 인물이었다. 그의 좌상 옆에 앉아 들리지 않는 대화를 나눠본다. '당신이 꿈꿨던 조국은 무엇이었습니까?'

국민의 힘으로 세워진 천안 독립기념관

일본의 역사 왜곡이 본격화되며 우리의 자존심을 건드리던 시기 천안의 독립기념관은 국민의 성금이 한 푼 두 푼 모아져 건립되기 시작했다. 사실 독립기념관을 세우자는 논의는 광복 직후부터 있었다. 그러나 오랜 세월이 흘러 1982년 일본의 교과서에 실린 식민지 서술 부분이 우리 국민의 분노를 일으키면서 국민의 이름으로 독립기념관 건립이 추진되었다. 국민성금이 모아지고 국내외로 기념관에 전시할 자료와 유물을 수집하였다. 그리고 1986년 4월 8일 「독립기념관법」이 국회를 통과하여 그 해 5월 9일 공포되었다. 독립기념관은 1987년 8월 15일 개관하였다. 원래는 1986년 8월 15일에 개관하고자 했으나 뜻하지 않은 화재로 1년이 미루어졌다.

그리고 1995년 민족정기 회복을 위한 '역사 바로 세우기'라는 작업 아래 서울 광화문 앞의 조선총독부 건물이 헐렸다. 해방 이후 정부청사로 사용하다가 1986년부터 국립중앙박물관의 역할을 했던 건물은 철거냐 보존이냐는 여러 가지 논란과 이견 속에 헐렸다. 조선총독부 건물의 잔해 중 중앙돔 랜턴과 일부 건축 부재들이 1998년 독립기념관 한편의 넓은 들에 놓여졌다.

현재 독립기념관은 외침을 극복하고 민족의 자주와 독립을 지켜온 우리 민족의 국난극복사와 국가발전사에 관한 자료를 수집·보존·전시·조사·연구함으로써 민족문화의 정체성을 확립하고 국민의 투철한 민족정신과 국가관을 정립하는데 이바지함을 목적으로 한다. 총7개의 전시관(겨레의 뿌리, 겨레의 시련, 나라 지키기, 겨레의 함성, 나라 되찾기, 새나라 세우기, 함께하는 독립운동)과 본관인 겨레의 집, 입체영상관이 있다. 또한 독립기념관 부설로 한국독립운동사연구소가 활발히 활동하고 있다. 연구소는 독립운동에 관한 각종 도서와 자료를 정리하고 보관하면서 독립운동사에 대한 학술 연구를 담당하며 독립운동사 연구의 전문적 수준을 높이고 있다.

독립기념관의 전시관을 관람하고 나오다 보면 우리 독립운동사의 커다란 빛과 같은 윤봉길 의사, 안중근 의사, 김좌진 장군 세 명의 동상과 마주하게 된다. 동상을 보고 있노라면 당시 그 분들과 조우하고 있는 느낌이 드는 것은 나만이 아니라는 상념에 잠겨 본다.

천안 독립기념관

독립기념관 광복군 모형

윤봉길 의사, 안중근 의사, 김좌진 장군

독립기념관 앞 마당에 휘날리는 태극기들

피 묻은 3·1운동

구암교회의 피 묻은 두루마기

서울에서 군산으로 내려가는 길은 근대 답사의 재미를 선사해 주며 많은 이들에게 알려졌다. 하지만 군산에 남아있는 적산가옥과 근대역사를 만나기 전에 군산시 구암동에 먼저 꼭 들러보길 권하고 싶다. 군산시 영명길에서 군산 근대의 첫 만남을 가진다. 군산 3·1운동의 증거인 구암교회를 자그마한 언덕위에서 마주한다. 구암교회 앞에는 커다란 '군산 3·1운동 기념비'가 세워져 있다. 구암교회는 '군산 3·1독립운동 사적지'이자 '호남선교 100주년기념 성역지'다. 구암교회는 군산 3·1운동 기념관으로서 1층에 작은 전시실이 꾸며져 있다.

구암교회는 1892년 11월 진위렴(William McCleery Junkin) 목사 등 6명이 제물포에 입국하여 이듬해 '선교부 공의회'를 조직한 뒤 호남지역을 남장로회 선교지로 확정하면서 시작되었다. 이때 유일하게 조선인 장인택 조사가 참석하여 활동하면서 후에 군산 구

군산 3 · 1운동기념비와 구암교회

암교회 집사가 되었다. 1899년 선교사들의 거점이 군산항에서 구암동산으로 이전하면서 구암리 땅을 매입하여 본격적인 교회의 역사가 시작되었다. 진위렴 목사 부부는 사랑채에 주민들을 모아놓고 교육을 시작하여 영명남학교(현 제일고교)와 멜볼딘여학교(현 영광여중·고)로 발전하였다. 1919년 구암교회 장로이자 영명학교 교사였던 박연세, 이두열, 김수영에 의해 3·1운동이 계획되고 호남 최초의 만세운동이 전개되었다.

　　군산의 3·1운동은 김병수가 3월 1일 경성에서 독립선언서를 가지로 옥구로 내려와 만세시위를 계획하면서 시작되었다. 영명학교 교사였던 고석주와 김병수는 3월 6일 군산 장날을 거사일로 정하고 만세운동을 준비하였다. 이에 이두열과 김수영, 송정헌, 박연세 등의 교사와 학생들이 뜻을 같이했다.

이두열과 김수영은 학생이었던 양기철, 전세종에게 선언서를 등사하도록 하였고, 이들은 선언서를 영명학교 등사판을 이용하여 7천매를 등사하였다. 하지만 3월 5일 이 일이 발각되어 이두열, 김수영, 고석주, 송정헌, 박연세가 군산경찰서로 연행되었다. 양기준을 비롯한 나머지 동지들은 거사일을 하루 앞당겨 3월 5일 옥구군 개정면 구암리에서 만세운동을 전개하였다. 양기준과 유한종 등은 태극기를 흔들면서 독립만세를 외치며 군중들에게 선언서를 배포하였다. 그리고 시위군중들은 군산부로 향했다. 군산에 도착한 시위군중 500여명은 설애장터를 지나 군산경찰서를 비롯한 곳곳에서 거세게 만세운동을 전개하였다. 이 과정에서 시위 주동자들이 출동한 일본경찰에 체포되었다.

이후 잡화상을 하고 있던 권재길은 3월 8일 자택에서 "우리 일반 청년 및 노동자들은 독립만세를 부르고 궐기하였는데 왜 학생들은 방관하고 있는가"라는 요지의 문서를 만들었다. 그는 다음날 자신이 작성한 문서를 군산부에 소재한 각 학교 기숙사를 방문하여 김종인, 김종엽 등 학생과 직원들에게 전달하였다. 또한 학생 김학술과 나명조에게 문서를 주어 다른 학생들에게도 배포하도록 했다. 3월 15일과 16일 경에는 학생 문종묵과 이남률이 군산부 노동조합 사무실과 노상에서 만세운동의 당위성을 주장하였다. 이남률은 17일 영명학교에서 학생들에게 만세운동의 필요성을 설명하며 적극적인 동참을 호소하였다. 14일에는 김학술, 나명조, 신형식 등이 김학술 집에서 태극기 수십매를 만들고, 나명조의 집에서 격문을 작성한 뒤 퇴학계와 함께 군산공립보통학교 학생들에게 배포하였다. 3월 22일 오후 8시경 김수남과 이남률은 군산부 명치정 노상에서 군산공립보통학교에 방화를 시도하기도 하였다. 또 이들은 군산부 전주통 신림약국 앞에서 화염병을 던져 군산공립보통학교 일부를 불태우기도 하였다. 이들은 일본경찰에 체포되어 옥고를 치렀다. 군산의 3·1운동은 3월에서 5월까지 계속되었고, 21회 동안 연인원 25,800여명이 참가하였고 그 과정에서 21명이 순국하였다. 군산의 3·1운동은 기독교인들과 천주교인들, 교사, 학생들이 중심이 되어 이끌어 갔다.

군산 3·1운동 기념관은 2008년 11월 20일 군산 3·1운동 기념사업회가 주관하여 건립

개관하였다. 3·1운동의 핵심인물과 상징적 인물인 의암 손병희와 유관순의 모습이 부조로 만들어져 있고, 군산 3·5 만세운동의 디오라마와 영상이 흐르고 있다. 전시관 중간으로 들어서면 눈에 들어오는 피 묻은 두루마기가 있다. 독립운동가 문용기가 3·1운동 당시 만세운동에 참가했을 때 입었던 옷이다. 문용기(文鏞祺)는 전라북도 익산(益山)에서 태어나 군산(群山) 영명학교(永明學校) 교사로 재직했다. 3·1운동이 일어나자 이리(裡里) 역전에서 개최된 익산군민대회(益山郡民大會)에서 연설하며, 대한독립을 위해 궐기할 것을 호소하던 중 일본 경찰의 손에 오른손을 잃었다. 이에 다시금 왼손에 태극기를 들고 만세를 외치며 전진하자 다시금 왼손을 절단 당했으나 굴하지 않고 맨몸으로 군중들을 이끌다가 결국 일제 경찰의 칼에 찔려 순국하고 말았다. 1977년 건국포장이 추서되었다.

그 외에 독립군이 사용했던 총기류와 복제 유물 10여점을 포함해 60여점의 전시물과 3·1운동 관련 사진들이 전시되어 있다. 군산의 근대 답사는 이렇게 구암교회의 3·1운동 기념관에서 시작해야 한다. 익산에서 태어난 군산의 독립운동가 문용기의 피 묻은 옷의 의미를 가슴에 간직하고 적산가옥을 향해 간다.

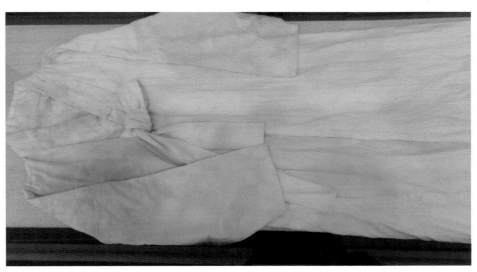

문용기의 피 묻은 두루마기

일제의 사찰로 지어졌던 동국사의 교차점

　군산에는 일본사찰의 모습을 간직한 동국사가 있다. 일본 조동종(曹洞宗) 승려 우치다가 1909년 8월 군산의 외국인 거주지 1조 통에 세운 금강선사(錦江寺)가 해방 이후 1955년에 '우리나라의 절이다'라는 이름으로 동국사가 되었다. 동국사는 우리나라에 남아있는 대표적인 일본식 사찰이다. 2003년 등록문화재 제64호로 지정된 대웅전은 건축자재를 일본에서 가져와 지었다. 우리나라의 전통 사찰과 달리 승려들의 거처인 요사채와 대웅전이 복도로 연결되어 있다. 살짝 문을 열고 복도를 지나 대웅전의 부처를 만난다. 본존불상으로 모신 석가모니불상은 17세기 조선후기를 대표하는 형태의 우리 부처님이다. 이 불상은 원래 금산사에 모셔졌으나 동국사 주지였던 김남곡 스님(1913~1983)이 금산사에서 동국사로 모신 것으로 전해지고 있다.

근대문화유산 등록문화재 제64호로 지정된 동국사

　동국사 동종 옆에는 '참사문비'기 서있다. 일본교단 조동종은 1992년 11월 20일 조동종 종무총장 오다케 아키히코(大竹明彦)의 이름으로 조선 침략에 대한 참회의 뜻을 밝혔고, 2012년 9월 28일 일본의 '동국사를 지원하는 모임'에서 이 비를 건립했다. 참사문은 참회와 사죄의 글을 적은 것이다.

"우리 조동종은 명치유신 이후 태평양전쟁 패전에 이르기까지 동아시아를 중심으로 아시아 전역에서 해외포교라는 미명하에 당시의 정치권력이 자행한 아시아 지배 야욕에 가담하거나 영합하여 수많은 아시아인들의 인권을 침해해 왔다. 또한 탈아입구(脫亞入歐)를 내세워 아시아인들과 그들의 문화를 멸시하였으며 일본 국체와 불교에 대한 우월의식에서 일본 문화를 강요하여 민족적 자긍심과 존엄성을 훼손하는 행위를 해 왔다. 게다가 불교적 교의에도 어긋나는 이런 행동들을 석가모니 세존과 삼국전등(三國傳燈)의 역대 조사(祖師)의 이름을 빌어 행해 왔던 것이다. 참으로 부끄러운 행위라 말하지 않을 수 없다. (중략) 특히 한반도에서 일본은 명성황후 시해라는 폭거를 범했으며 조선을 종속시키려 했고, 결국 한국을 강점함으로써 하나의 국가와 민족을 말살해 버렸는데, 우리 종문은 그 첨병이 되어 한민족의 일본 동화를 획책하고 황민화 정책을 추진하는 담당자가 되었다. (중략) 우리들은 맹세한다. 두 번 다시 같은 잘못을 저지르지 않겠다고, 그리고 과거 일본의 억압 때문에 고통을 받은 아시아 사람들에게 깊이 사죄하면서 권력에 편승하여 가해자 입장에서 포교했던 조동종 해외 전도의 과오를 진심으로 사죄하는 바이다."

참사문비 앞에는 2015년 8월에 세워진 '군산 평화의 소녀상'이 처연하게 우리를 바라보고 있다. 군산 평화의 소녀상은 일본 종군 위안부의 고통을 느끼며, 치욕적이고 비분 강개할 역사적 사실을 상기하고 후대에 알리기 위해 '군산 평화소녀상 건립 추진위원회'가 세웠다. 다른 지역의 소녀상이 다소곳하게 앉아 있는 형태인데 반해 군산 평화의 소녀상은 일어 서 있다. 이유는 일본으로 끌려간 소녀가 위안부라는 삶의 고통 속에서 가고 싶어도 갈 수 없는 그리운 내 부모와 형제가 사는 조국을 향해 해안가에 서서 처연하고 간절하게 바라보며 상념하는 소녀상으로 표현하였기 때문이다.

동국사의 교차점 − 평화의 소녀상과 참사문비, 그리고 동종

　나는 동국사에서 바란다. 일본 불교종파의 사죄가 아닌 일본제국의 사죄를 그리고 현재 일본의 정치집단과 우익들에게 제국 부활의 꿈을 접고 동아시아 평화의 길을 같이 가자고 말하고 싶다.

　군산의 동국사, 동종과 참사문비 그리고 소녀상은 서로에게 말하고 있다. 진정한 사죄와 반성, 정당한 보상, 그리고 화해를 통한 참된 미래로 가는 길을 말이다.

군산항의 개항과 근대문화유산

　군산은 지금 1930년대로 시간여행 중이다. 군산은 개항 도시다. 일제가 정략적으로 쌀의 수탈을 위해 개항한 도시였다. 지금도 그 수많은 흔적들이 근대문화유산으로 남아 있다. 우리는 지금 남아있는 근대문화유산과 적산가옥을 보면서 지나간 역사의 아픔을 느끼고 오늘의 삶을 배워야 한다.

군산근대역사박물관 전시관

군산근대역사박물관 1930년대 시간여행 전시관

군산항은 1876년 강화도조약 이후 부산, 원산, 인천, 목포, 진남포, 마산에 이어서 1899년 5월 1일 강제로 개항했다. 군산의 개항 이후 역사는 일제의 주도하에 이루어졌다. 1908년 포장도로가 전주와 군산간에 놓이고, 익산과 군산간의 철도가 만들어져 호남 최대의 상업도시로 성장하였다. 군산항엔 1925년 이후부터 본격적인 쌀의 수탈을 위한 부잔교가 건설되었다. 부잔교는 조수간만의 차가 심하여 썰물 때면 갯벌이 드러나 배의 접안이 어려운 서해안의 자연환경을 극복하고자 건조한 인공구조물이다. 기본 형태는 바닷물의 수위에 따라 상하로 움직이는 다리와 다리에 연결된 콘크리트 함선이 일체형으로 만들어져 썰물 때면 콘크리트 함선이 접안시설로 이용되는 형태이다. 부잔교의 건립은 군산항 제3차 축항 공사 기간인 1926년부터 1933년까지 3기를 설치하여 3천톤급 기선 3척이 동시에 접안할 수 있게 되면서 시작되었다. 당시 수덕산 토석 채취공사에 참여한 지역민에 의하면 하루 임금이 80전으로 다른 일에 비하여 삯이 높았는데 그 이유는 공사 자체가 위험했기 때문이며 완성된 대형 부잔교의 입수식 때 사고가 나서 한국인 노동자 10여 명이 사망하는 사고도 있었다고 한다. 부잔교는 흔히 뜬다리 부두로 불린다.

군산항 부잔교

쌀 수탈의 전진기지가 된 군산은 일본인의 본격적인 이주와 함께 전북 지역에서 가장 많은 일본인 농장을 갖게 되었다. 결국 일본인 대지주들로부터 군산지역민은 소작농으로 전락하여 혹독한 수탈을 당하였거나, 유랑 농민이 되어 고향을 등지고 만주 등지로 떠날 수밖에 없는 신세가 되었다. 일본인 대지주들의 가혹한 소작료 징수로 빼앗긴 곡물들은 군산부두에 쌓여 쌀의 산이 만들어졌다. 하지만 이러한 수탈에 소작농들은 적극적으로 농민조합을 결성하고 소작료 인하투쟁 항쟁을 이어갔다. 1927년 11월 서수면 이엽사 농장의 소작료 인하투쟁은 평안도 불이농장 투쟁과 신안군 암태도 투쟁과 함께 대표적인 소작쟁의로 불린다.

군산의 근대문화유산은 당연히 군산항을 끼고 모여 있다. 결국 군산항이 개항하고 난 뒤 군산항 주변으로 일본인들의 집단 거주지와 마을이 형성되었고, 주요한 관공서들이 이곳을 차지하게 되었다. 기존의 조선인들은 주변부로 삶의 터전이 밀려나면서 후미진 달동네를 형성하게 되었다.

군산은 2011년 9월 개관한 '군산근대역사박물관'의 '역사는 미래가 된다'라는 모토를 중심으로 옛 군산의 모습과 근대문화유산을 벨트화하였다. 일제 침탈의 역사를 그대로 보여주는 건물들로 구 군산세관 본관, 장미갤러리, 근대미술관으로 활용하고 있는 구 일본18은행군산지점, 근대건축관으로 이용되는 구조선은행군산지점, 그리고 항구에는 부잔교가 남아있다.

박물관 옆에는 '구 군산세관 본관' 건물이 남아있다. 대한제국기 1908년 지어졌고 불란서 사람 혹은 독일 사람이 설계하고 벨기에서 붉은 벽돌과 건축자재를 수입하였다고 전해진다. 흰 눈보라를 맞고 있는 붉은 벽돌 건물이 서양고전주의 모습으로 아기자기하게 보인다. 건물의 지붕은 고딕양식이고 창문은 로마네스크 양식이며 현관의 처마를 끄집어 낸 것은 영국의 건축양식으로 전체적으로 유럽의 건축양식을 융합한 근세 일본 건축의 특징을 지니고 있는 건물이다. 국내 현존하는 서양고전주의 3대 건축물로 한국은행 본점과 서울역사와 함께한다.

구 군산세관 본관

　군산항 부잔교 쪽으로는 일제강점기 무역회사 미즈상사가 운영했던 건물이 미즈카페로 운영되고 있고, 장미갤러리가 있는데 해방 이후 위락시설로 이용되던 것을 현재 컵받침, 향초만들기 등의 체험학습장(1층)과 미술전시공간(2층)으로 사용하고 있다. 갤러리 이름은 장미동의 장미(藏米)를 딴 것으로 수탈한 쌀의 곳간이라는 뜻이다.

장미갤러리

그 옆에는 군산 근대미술관이 있다. 이 미술관은 '구 일본18은행 군산지점' 건물을 활용한 것이다. 구 일본18은행은 일본 나가사키에 본사를 두고 있던 일본 지방은행으로 조선에서는 1890년 인천에 처음 문을 열었다. 인천에서도 현 차이나타운에 위치한 이 건물을 '인천개항근대건축전시관'으로 활용하고 있다. 인천을 시작으로 전국에 지점을 개설하였는데 군산은 1907년에 조선에서는 일곱 번째로 지점이 만들어졌다.

이 은행은 일제강점기 일본으로 미곡을 반출하고 토지를 강매하기 위한 목적으로 설립된 금융기관이다. 단층의 본관과 2층의 부속건물 2동(창고, 사무실)으로 구성된 이 건물은 동시대 은행 건축의 일반적인 양식에 따라 폐쇄적인 외관으로 계획되었고, 부분적으로 인조석을 사용하여 장식하였다. 또한 일제강점기 초반에 지어진 은행 건축물의 특징을 잘 보여 준다.

해방이후 대한통운 지점 건물로 사용되었으며 2008년 2월 28일 등록문화재 지정 이후 보수복원을 통하여 군산 근대미술관으로 활용하고 있다.

군산 근대미술관 – 구 일본18은행 군산지점

일제의 군산 수탈을 보여주는 또 다른 금융기관이었던 구 조선은행 군산지점이 대로변에 '군산 근대건축관'으로 우리를 맞이하고 있다. 구 조선은행 군산지점은 일제강점기 식민지배를 위한 대표적인 금융시설로서 1920년대 초반에 건립되었으며, 당시에 한국에서 활동하던 대표적인 일본인 건축가 나카무라요시헤이[中村與資平]가 설계하였다.

　이 건물은 붉은 벽돌로 지은 4층 높이의 2층 건물로, 지붕모양은 일본 장군의 투구모양을 본딴 우진각 형식으로 중간에 창문을 내어 자연채광과 함께 군산을 감시하는 역할도 하였다. 또한 일제강점기 군산을 배경으로 한 채만식의 소설『탁류』에도 등장하는 군산의 근대사를 보여주는 상징적인 건물이다. 해방이후 조선은행이 한국은행으로 바뀌고 전주로 이전 된 후 한일은행 군산지점으로 사용되기도 하였다. 구 조선은행 군산지점은 위치적으로 내항에 인접해 식민지 금융기구의 역할을 수행한 역사적 의미가 있다. 또한 건축물의 건축사적 가치를 따져도 군산의 근대사를 대표하는 중요한 건물임에 틀림없다. 2008년 보수와 복원을 거쳐 군산 근대건축관으로 활용되고 있다.

군산 근대건축관 – 구 조선은행 군산지점

　군산 근대건축관 앞의 도로를 건너 마을길로 접어들면 옛 적산가옥의 모습을 리모델링한 편의점이 보이고 안쪽으로 1998년 1월 개봉한 영화 '8월의 크리스마스' 촬영 장소인 '초원사진관'이 또 다른 관광코스로 많은 이들의 발길을 끌고 있다. 그 곳에서 조금 떨어져 있기는 하지만 '이성당 빵집'의 단팥빵과 야채빵은 근대 탐방의 덤이다.

적산가옥에서 오늘을 묻는다

군산에는 적산가옥이 많다. 적산가옥은 일본식 건물들을 일컬어 부르는데 글자 그대로 적국의 재산이다. 지금 군산은 적국의 재산이 관광상품화 되어 있다. 적산가옥인 일본식 가옥을 활용한 게스트하우스 '고우당'의 다다미방에서 하룻밤을 묵으며 군산 근대 역사 기행을 이어가 본다. 다다미방에서 일제강점기의 아픔을 되새기고 미래의 희망을 이야기하는 현장인 셈이다.

군산의 대표적 적산가옥으로 신흥동의 일본식 가옥인 히로쓰 가옥, 구 미곡창고회사의 사택, 이영춘 가옥으로 불리는 구마모토의 별장이 남아있다.

군산 신흥동의 적산가옥인 구 히로스가옥은 일본인 히로쓰 게이사브로가 지은 주택으로 알려져 있다. 1945년 해방 후 적산 가옥으로 구 호남 제분으로 넘어가 한국 제분의 소유로 되어 있다. 수많은 한국 영화(대표적으로 '장군의 아들'과 '타짜')가 이 주택에서 촬영될 정도로 일반인에게 잘 알려져 있으며, 2005년 6월 18일 국가 등록 문화재 제183호로 지정되었다. 이 가옥은 대규모 목조 주택으로 2층의 본채 옆에 단층의 객실이 비스듬하게 붙어있으며 두 건물 사이에는 일본식 정원이 꾸며져 있다. 2층에는 다다미방과 오시이레(벽장), 도코노마(장식 공간) 등이 있어 일본식 주택의 특성이 잘 나타나는 건축물로 일제 강점기 군산에 거주하였던 일본 상류층의 생활상을 알 수 있다.

구 미곡창고회사 사택

일본식 게스트하우스 고우당

조금 떨어져 있지만 군산시 개정동에는 군산의 대표적인 적산가옥으로 '이영춘 가옥'

구마모토의 별장이었던 이영춘 가옥

으로 불리는 곳이 있다. 사실 이곳은 1920년경에 일본인 대지주 구마모토가 지은 별장이다. 서구식과 일본식, 한식의 건축양식을 절충한 건물로 부분적으로 변형된 곳이 있으나 비교적 건축물의 구조와 공간 구성, 장식 등의 원형이 잘 남아 있다.

이영춘 박사가 1935년부터 이 건물을 위탁, 관리하고 거주하면서 이영춘 가옥이라 불리게 되었다고 한다. 이영춘 박사는 평남 용강군 출생으로 평양고등 보통학교를 졸업하고 1929년 세브란스의학 전문을 졸업하였다. 의사로서 진료사업과 농어촌위생에 힘썼고, 사회사업가로서 학교를 설립하여 농어촌지역 주민의 교육에 이바지한 인물이다. 대한민국 문화훈장·대한적십자사 봉사상을 받았으며, 국민훈장무궁화장을 추서하였다. 이영춘가옥은 2003년 10월 31일 전라북도 유형문화재 제200호로 지정되었다.

군산의 신흥동 일본식가옥과 개정동의 이영춘가옥은 모두 적국의 재산이다. 적산가옥으로서 일본인 대지주들이 소유하였거나 거주했던 공간이다. 개정동의 적산가옥은 군산불이농장을 운영했던 일본인 대지주 구마모토의 재산이었다. 우리는 적산가옥의 건축양식과 영화촬영지로서의 모습을 떠 올리기 전에 암울했던 시절 식민지 조선인을 수탈하며 부귀영화를 누렸던 이들의 모습을 이곳에서 잠시 생각해 봐야 한다.

군산의 근대문화유산은 일제강점기를 추억하지 않는다. 많은 일본인들이 동국사를 찾고 일제강점기의 영화를 떠 올린다고도 생각지 않는다. 일본 조동종이 회계한 참회의 눈물과 아직도 이어지고 있는 위안부 할머니들의 슬픔이 기억될 것이다. 군산에 남아있는 일제강점기의 유산 속에 그 시대의 침략과 수탈의 역사가 오롯이 기억될 것이다. 이 모든 역사는 '역사를 잊은 민족에게 미래는 없다'는 캐치플레이즈를 내건 군산근대역사박물관의 역할임을 믿는다.

빼앗긴 들에 피어난
'독립'

국채보상운동의 시작

대구는 일제의 경제적 침략을 경제적으로 갚고자 했던 국채보상운동의 시작점이다. 바로 그곳이 대구 중구의 국채보상로이다. 일제는 차관이란 명목으로 우리의 경제적 자립을 근본적으로 무너뜨리며 예속화하고자 했다. 이에 우리나라의 토착 자본가들이 일제의 차관에서 벗어나고자 벌였던 운동이 국채보상운동이었다. 이 운동은 1907년 2월 대구의 광문사(廣文社) 사장이었던 김광제(金光濟)와 부사장 서상돈(徐相敦)에 의해서 시작되었다. 당시의 광문사는 지식인과 민족 자산가로 구성되어, 주로 실학자들의 저술을 편찬하고 신학문을 도입하여 민족의 자강 의식을 고취하고 있던 출판사였다.

대구에서 태어난 서상돈(徐相燉, 1851~1913)은 대구에서 독학을 하면서 지물(紙物) 행상 및 포목상을 시작하여 부자가 되었다. 경상도시찰관에 임명되기도 했던 서상돈은 외세의 국권침탈에 맞서 이의 수호에 앞장선 독립협회의 주요 회원으로 활약했다. 그는

서상돈 고택

1907년 2월 16일 대구 광문사(廣文社)에서 그 명칭을 대동광문회(大東廣文會)로 개칭하기 위한 특별회를 마친 뒤, 광문사 부사장으로서 담배를 끊어 당시의 국채 1,300만환을 보상할 것을 제의하였다.

　이에 이 자리에 참석한 회원들이 2,000여환을 갹출하고, 이 운동을 전국적으로 전개하기로 하고 「국채보상취지서」를 작성, 발표하였다. 그 요지는 국채 1300만환은 대한제국의 존망에 직결된 것으로, 2000만 국민이 3개월 동안 흡연을 하지 않고 그 대금 20전씩을 거둔다면 1300만환을 모을 수 있으며, 나머지는 특별모금한다는 것이었다. 대구 광문사 사장 김광제(金光濟) 등과 함께 전개한 국채보상운동은 『황성신문』 『대한매일신보』 『제국신문』 등을 비롯한 민족언론기관들의 적극적인 호응을 얻어 전국적인 운동으로 발전하였다. 고종황제도 담배를 끊겠다는 뜻을 밝혔고, 고위 관료들도 소극적이나마 모금 운동에 동참했다. 직접적인 당사자였던 상인들이 적극적으로 참여하였고, 각종 단체와 학회, 학교 등이 중심이 되었다. 더불어 부녀자들과 노동자, 인력거꾼, 기생과 백정들도 적극 참여하는 운동이 되었다.

그러나 일제의 탄압으로 실패하고 말았다. 처음부터 순수한 애국 충정으로 시작된 자발적인 운동이었기에 일제의 방해와 탄압에 효과적으로 대처하지 못했다. 하지만 통감부 시절 국권을 회복하고자 했던 역사적 움직임으로서 매우 큰 의미가 있는 운동이었다. 우리는 현대에 와서 1997년 IMF 라는 외환위기를 기억한다. 이때 모든 국민들이 '금모으기 운동'을 하면서 하나가 되어 국난을 극복하고자 했던 정신을 이어 받았음을 잊지 않고 있다. 우린 나라가 어려울 때 역사적으로 하나가 되었다.

대구는 기억한다. '빼앗긴 들에도 봄은 오는가'

들을 빼앗겨 풀이 자라지 않고, 꽃이 피지 않았다. 그렇지 않았다. 짓밟힐수록 풀은 고개를 더 쳐들었고, 언 땅이 녹아내리며 따스한 기운에 꽃은 만발했다. 빼앗긴 들에도 그렇게 봄은 찾아왔다.

빼앗긴 들에도 봄은 오는가

지금은 남의 땅 - 빼앗긴 들에도 봄은 오는가?

나는 온몸에 햇살을 받고
푸른 하늘 푸른 들이 맞붙은 곳으로
가르마 같은 논길을 따라 꿈속을 가듯 걸어만 간다.

입술을 다문 하늘아 들아
내 맘에는 나 혼자 온 것 같지를 않구나.
네가 끌었느냐 누가 부르더냐
답답워라 말을 해 다오.

바람은 내 귀에 속삭이며

한 자국도 섰지 마라 옷자락을 흔들고

종다리는 울타리 너머 아씨같이 구름 뒤에서 반갑다 웃네.

고맙게 잘 자란 보리밭아

간밤 자정이 넘어 내리던 고운 비로

너는 삼단 같은 머리를 감았구나. 내 머리조차 가뿐하다.

혼자라도 가쁘게나 가자.

마른 논을 안고 도는 착한 도랑이

젖먹이 달래는 노래를 하고 제 혼자 어깨춤만 추고 가네.

나비 제비야 깝치지 마라.

맨드라미 들마꽃에도 인사를 해야지.

아주까리 기름을 바른 이가 지심 매던 그 들이라 다 보고 싶다.

내 손에 호미를 쥐어 다오.

살찐 젖가슴과 같은 부드러운 이 흙을

발목이 시도록 밟아도 보고 좋은 땀조차 흘리고 싶다.

강가에 나온 아이와 같이

짬도 모르고 끝도 없이 닫는 내 혼아

무엇을 찾느냐 어디로 가느냐 웃어웁다 답을 하려무나.

나는 온 몸에 풋내를 띠고

푸른 웃음 푸른 설움이 어우러진 사이로

다리를 절며 하루를 걷는다. 아마도 봄 신령이 접혔나 보다.

그러나 지금은 들을 빼앗겨 봄조차 빼앗기겠네.

대구에서 출생한 시인 이상화(李相和, 1901~1943) 가 1926년 『개벽』에 발표한 대표적인 작품으로 『개벽』지 폐간의 원인이 된 작품이기도 하다. 굳이 전문적인 해석을 하지 않더라도 빼앗긴 조국에 광복의 그날을 기다리는 민족의 비통한 현실을 드러내고 있는 작품이라는 것을 알 수 있다.

이상화는 '백조' 동인에 참가하여 본격적인 문단 활동을 시작했다. 그러다가 일본 동경 유학시절 동경대지진을 겪고 귀국하였다. 1924년 이후로 민족의식을 바탕으로 한 저항의식과 향토성을 띤 작품들을 써 나갔으며 1925년 8월에는 조선프롤레타리아예술동맹의 창립회원으로 참여했다. 이후 의열단과 연루되어 구금되기도 하고, 만주에 있는 형 이상정을 만나러 만경(滿京)에 다녀 온 뒤 일제 관헌에 체포되어 옥고를 치르기도 했다. 대구 교남학교에서 3년간 교편을 잡았으나 40세에 학교를 그만두고 문학 활동에 전념하다 해방을 마주하지 못하고 43세에 위암으로 사망했다.

빼앗긴 들에서 괴로워 했고 몸부림쳤던 젊은 청년 이상화를 대구는 기억한다. 그의 고택은 현재 자그마한 근대문화 체험관으로 꾸며져 많은 이들의 발길이 끊이지 않고 있다.

이상화 고택   이상화 시비

대구는 골목 여행이 한창이다. 많은 이들의 발길을 잡고 있다. 그 길을 만들고 있는 것은 역사다. 대구 중구 서성로에는 서울과 평양에 이어 세 번째로 세워진 고딕양식의 성당 계산성당이 있다. 1899년 로베르 신부의 설계로 처음 지어졌던 성당은 십자가 형태의 2층 구조에 기와를 올린 한옥이었다. 하지만 1900년 화재로 불타 없어지고 1902년 파리외방선교회 소속의 프와넬 신부가 다시 성당을 설계했다. 당시 중국인들이 건축에 참여하기도 했다. 1911년 주교좌성당이 되면서 종탑을 2배로 높이는 등 증축을 해 1918년

12월 24일 지금의 모습을 갖추게 되었다. 100년이 넘은 계산성당은 사적 제290호로 지정되어 있다.

계산성당 앞의 대로를 건너면 커다란 회색빛 대구 제일교회가 보인다. 그 언덕을 오르면 선교사들의 주택과 사과나무 등이 있는 언덕이 있다. '청라언덕'이며 그 속에는 훈훈한 사람 이야기가 있다.

계산성당

봄의 교향악이 울려 퍼지는 청라 언덕 위에 백합 필 적에

나는 흰 나리 꽃 향내 맡으며 너를 위해 노래 노래 부른다.

청라 언덕과 같은 내 맘에 백합 같은 내 동무야

네가 내게서 피어날 적에 모든 슬픔이 사라진다.

이은상 작사, 박태준 작곡의 '동무생각'이다. 노랫말 속의 청라 언덕이 대구 중구의 근대문화골목의 한 코스다. 수줍었던 대구 청년 박태준의 짝사랑 이야기를 담고 있는 노래의 청라 언덕은 대구의 동산이다. 동산선교사 주택 옆에 2009년 6월 17일 세운 '동무생각 노래비'가 아련함과 애틋함을 느끼게 한다. 이곳 동산은 해외 선교사들이 와서 거주하며 병원과 신학대학을 세웠던 선교의 전진기지였다. 동산에 오르면 옛 선교사들의 주택이 박물관으로 바뀌어 관광객들을 맞이하고 있다. 선교사 스윗즈의 주택은 선교박물관, 챔니스의 주택은 의료박물관, 블레어 주택은 교육·역사박물관이 되어 있다.

선교사 스윗즈의 주택

청라언덕 동무생각 노래비

　대구의 선교사들은 하나님의 말씀 전도와 함께 의료사업과 교육사업에 열중했다. 100년을 넘긴 동산의료원과 계성학교가 대표적이다. 동산의료원은 1899년 선교사이자

의사인 존슨에 의해 설립되었다. 처음엔 제중원(濟衆院)이란 간판을 걸고 대구읍성 남문 안에 세웠다가 성문 밖 동산 서쪽의 넓은 땅을 사들여 1906년 동산동으로 신축 이전하여 오늘에 이른다. 존슨은 미국에서 사과나무도 들여와 심었는데 동산언덕에 있는 사과나무는 원조 사과나무의 씨앗이 싹을 틔운 2세목으로 대구시에서 보호수로 지정하여 관리하고 있다. 대구가 사과의 본고장이 된 이유가 여기에 있다. 또한 선교사 주택들의 마당 건너편 쪽에는 묘지가 만들어져 있다. 선교사 스윗즈의 무덤을 포함하여 선교활동을 하다 순직한 외국 선교사들이 잠들어 있는 '은혜정원'이다.

소나무 숲길이었던 3·1만세운동길

청라언덕 만세운동길

선교사 주택을 뒤로하며 언덕을 내려오는 길은 3·1만세운동길이다. 이 길을 따라 계산
성당 방향으로 내려가면 90계단이 나온다. 대구는 이 계단길을 3·1만세운동길로 꾸며 놓았
다. 계단을 내려가거나 오르거나 하다 보면 계단 옆에 3·1운동 당시의 사진들이 패널로 만
들어져 전시되어 있고, 태극기가 만세를 부르듯 휘날리고 있다. 이 길은 당시 소나무 숲길
로서 동산언덕을 통해 서문 밖 장을 이어주는 지름길이자 비밀통로였다고 한다.

기독교계와 학생들이 주도한 만세운동

대구의 3·1운동 주역들은 학생이었다. 1919년 3월 8일 대구에서 전개된 만세운동은
'학생 의거'라고도 부른다. 이 학생 의거는 영남 3·1운동의 효시이다.

서울에서 3·1운동의 거사 준비가 비밀리에 진행되고 있을 때, 이곳 기독교계의 유지
이만집(李萬集)·이상백(李相佰)·백남채(白南埰) 등은 경상도의 연락책임을 맡은 이갑성(李

甲成)으로부터 독립만세운동 계획을 전해 들었다.

그 뒤 3월 2일 세브란스의학전문학교 학생 이용상(李容祥)을 통해 「독립선언서」를 입수하였다. 그리고 같은 교회의 김태련(金兌鍊)·김영서(金永瑞) 등과 만나 만세운동을 전개하기로 결의하였다.

3월 8일 서문 밖 장날을 기하여 독립만세운동을 전개하였다. 여기에 계성학교(啓聖學校)·대구고등보통학교(大邱高等普通學校)·신명여학교(信明女學校)·성경학교(聖經學校) 학생들과 주민·기독교인·천도교인 등이 가세하여 군중의 수는 1,000여 명이 되었다.

만세시위 대열이 경찰서를 지나 달성 군청 앞에 이르렀을 때, 기관총 5, 6대로 무장된 일본 헌병 및 경찰에 의해 시위대는 저지되었다. 그리고 이 때 157명에 이르는 사람들이 체포되었다.

3월 8일 만세운동 이후 대구의 학생들과 주민의 항일 저항 의식은 높아졌다. 이에 당황한 일제 경찰은 대구고등보통학교·계성학교·신명학교 등에 3월 10일부터 휴교령을 내리고 삼엄한 경계를 폈다. 하지만 학생들은 비밀리에 만세운동을 지속하며 다른 지방으로 확대시켜 나갔다. 3월 30일 동화사(桐華寺) 부속의 지방학림(地方學林) 학생 권청학(權淸學)·김문옥(金文玉) 등이 대구 남문 밖 장터에서 3,000여 명의 군중과 함께 '대한독립만세'를 외쳤다.

3 · 1만세운동길 90계단과 태극기

대구기생 현계옥, 정칠성의 독립운동

대구읍성이 기능을 하던 전통시대 종각이 존재했고 종로 거리가 생겼다. 하지만 대구읍성의 기능이 무너지고 난 뒤 대구의 중심은 종로가 될 수 없었다. 그 대신 종로에서 향촌동에 이르는 거리에 요정들이 생기고 새로운 밤문화를 열어갔다. 대구의 종로는 '기생의 거리'가 되었다. 1905년 1월 1일 경부선이 개통되었다. 그 전후로 일본인들이 대구역 근처로 이주하면서 많은 요릿집들이 생겨났다. 이후 관기제도가 폐지되면서 1910년 5월 대구기생조합이 만들어졌다. 1918년에 발행된 『조선미인보감』에 대구조합의 기생들은 염옥련, 이계화 등 32명의 기생들이 소개 되어 있다. 15세 이하의 기생들이 12명이나 되었고, 이후 대구권번, 달성권번으로 변화하면서 한 시대를 풍미했다.

대구에는 해방 이후 기생제도는 폐지되었지만 1950~60년대 본격적으로 요정들이 들어서면서 요정시대가 되었고 1970~80년대를 풍미했다. 1980년대 이후 요정시대는 사라졌고, 대구의 마지막 요정인 '가미'가 종로에서 유일하게 명맥을 잇고 있다. 현재 요정 가미에서는 1960, 70, 80년대까지 대구의 밤을 밝혔던 요정의 미니어처가 전시되고 있고, 말하는 꽃 기생에 대해 알려주고 있다. 대한민국 근현대사의 또 다른 일면을 요정에서 볼 수 있는 것이다.

대구에는 유명한 기생들이 많다. 그것도 전통적인 기생이 아닌 근대를 풍미한 기생들이 유명하다. 대구 출신의 독립운동을 펼쳤던 사상기생들의 이야기를 해보고자 한다.

'의열단원'이 된 기생 현계옥(玄桂玉)이 있다. 현계옥은 달성 출신으로 일찍 부모를 여의고 17세에 대구기생조합에 들어가 기생이 되었다. 그녀는 경박하지 않았고 재주가 민첩했으며 가무도 뛰어났다. 무엇보다 한문에 조예가 깊었고 가야금 연주가 절묘하였다. 가야금 연주에는 대적할 이가 없다할 정도로 당대의 명기였다. 그런 현계옥이 소설가 현진건의 사촌 형 현정건을 만나면서 사랑에 빠지게 되었다. 1919년 현정건과 중국에서 만나기로 한 현계옥은 가산을 정리하고 중국 봉천으로 갔다. 잠시 봉천에 머물다가 현정건을 만나기 위해 길림으로 가게 되었다. 이때 의열단장 김원봉을 만나 여성으로는 유일한 의열단원이 되었다. 현계옥은 현정건에게는 영어를 배우고, 김원봉으로부터는 폭탄제조법과 육혈포 쏘는 방법을 배워 조직의 비밀활동을 수행하였다. 항일독립운동을 전개하던 중 1928년 상해 프랑스조계지에서 현정건이 일본 총영사관 경찰에 체포되었다. 결국 현정건은 신의주지방법원에서 징역 3년형을 선고 받고 수감되었다가 출옥 후 병사했다. 상처를 입은 현계옥은 시베리아로 망명하였는데 이후의 소식은 아무도 알지 못했다.

또 다른 대구기생 정칠성(丁七星)이 있다. 사회주의 여성운동가가 된 기생으로 기명은 정금죽(丁琴竹)이다. 1897년 대구에서 출생한 정칠성은 가난한 집안 환경으로 7살에 기생이 되었다. 오랜 동안 기생으로 교육받았고 18살에 서울로 올라가 남도기생들이 중심이 된 한남권번에 들어가 정금죽이 되었다. 남중잡가(南中雜歌), 가야금 산조, 병창, 입창, 좌창, 정재 등이 탁월하였고, 말도 잘 타고 바둑을 잘 두었다고도 전해진다.

정칠성은 1922년 일본 동경으로 넘어가 영어강습소에서 잠시 공부를 하였다. 이듬해 귀국하여서는 물산장려운동에 참여했다. 그리고 고향 대구에서 이춘수 등과 함께 대구여자청년회를 조직하고 사회주의 여성운동을 펼쳐 나갔다. 1924년 5월 허정숙·정종명 등과 함께 사회주의 여성운동을 지도하는 여성사상단체 조선여성동우회를 창립했다. 정칠성은 동지규합과 여성노동운동의 지도를 맡아 적극적인 활동을 벌였다. 그러다가 다시 1925년 3월 이춘수와 함께 일본 동경으로 유학을 떠났다. 일본에서 조직된 일월회를 이어 사회주의 여성단체 삼월회를 결성하기 위해서였다. 정칠성은 일본에서 「신여성이란 무엇-가치 대폭락의 허물은 누구에게」, 「참자유의 길」을 발표했다. 이 글들은 사회주의자들의 부르주아 여권론 비판과 계급운동을 중시하는 사회주의 여성해방론을 잘 드러내고 있다. 정칠성은 1927년 신간회에 가입했고 기독교계와 사회주의계 여성의 합작으로 1927년 5월 결성된 근우회 창설에 참여하여 신간회의 자매단체로서 결연을 주선했다. 근우회를 창설할 때 중앙집행위원회 위원, 선전조직부 위원으로 활동했으며, 7월 중앙집행위원장이 되었다. 1928년 임시전국대회 자격심사위원, 1929년 2회 전국대회

준비위원회 의안부 책임자를 거쳤다. 1929년 8월 서대문경찰서에 체포, 투옥되었으나 곧 석방되어 1929년 말 다시 근우회 중앙집행위원장에 선출되었다. 근우회 위원장으로 순회강연을 하며 항일의식을 고취하다가 수차례 검거되기도 했다. 이후 1929년에는 광주학생운동에 연루되어 투옥되었다가 풀려났다. 1930년에는 조선공산당과 관련하여 3차 조선공산당 사건의 관련자로 지목, 투옥되었다. 1930년 경성에서 벌어진 만세시위인 2차 경성학생시위사건(일명 '근우회 사건') 주도 혐의를 받고 다시 투옥되었다. 잠시 조선일보사 기자를 지내기도 하다가 1937년 중일전쟁이 발발한 이후에는 공식적인 사회활동을 그만두고 경성·평양·대구·통영 등지에서 편물강습으로 생활했다.

정칠성은 해방된 조국에서 1945년 9월 조선공산당 경북도당 건설에 참가하여 부녀부장이 되었고, 10월에는 서울로 올라와 조선부녀총동맹 중앙위원이 되었다. 1946년 2월에는 범좌파 연합단체인 민주주의민족전선이 조직되자 그 간부가 되었다. 그해 2월 14일 민족주의민족전선의 중앙상임위원 겸 조직부 차장에 피선되었다. 이후 미군정의 좌익 탄압으로 전국 각지에 은신처를 마련하여 피신 생활을 했다. 비밀리에 해주 등을 오고가며 1948년 월북했다. 남북분단 후 북한에서 조선민주여성동맹의 부위원장 및 최고인민회의 대의원 등을 지냈으며, 1958년에 남조선로동당 계열이 숙청될 때 밀려나 사망했다고 알려진다.

대구 출신의 기생 독립운동가 현계옥과 정칠성은 절친한 친구 사이로 알려진다. 한명은 무정부주의 단체 활동을 하였고, 한명은 사회주의자가 되었다. 단순히 기예만을 뽐냈던 기생들이 아니었다. 비록 가정 형편이 어려워 어린 나이에 기생이 되었지만, 빼앗긴 조국의 독립을 위해 희생한 의로운 기생(義妓)들이었다.

길게 울려 퍼진
기생들의 한(恨)

역사가 흐르는 남강과 진주성, 그리고 논개

진주를 상징하는 으뜸은 당연 진주성(晉州城)이다. 고려말에 축성되어 촉석성(矗石城) 및 진주읍성이라고도 불리 우는데 조선시대까지 여러 차례 고쳐 쌓았고, 1970년대 복원되어 오늘에 이른다. 진주와 진주성을 찾노라면 당연히 임진왜란 당시 3대 대첩의 하나인 진주대첩이 떠오른다. 그 사실을 잘 보여주기 위해 진주성 안에는 국립진주박물관이 있다. 임진왜란 당시 진주는 왜군의 침입으로부터 전라도 지방을 지키는 길목이자 군량을 보급하는 곳이었다. 때문에 진주성을 두고 왜군과의 싸움이 매우 치열했다. 임진왜란 당시 선조25년(1592) 10월 진주목사 김시민(金時敏)과 의병대장 곽재우(郭再祐)가 진주성을 굳건히 지키면서 왜군 2만 명을 격퇴하여 큰 전과를 올렸다. 그러나 다음해 6월에는 왜군 4만 여명이 진주성을 재차 공격하였다. 이때 창의사(倡義使) 김천일(金千鎰, 1537 1593)과 경상우병사 최경회(崔慶會, 1532 1593) 등이 성 안의 모든 주민과 함께 목숨 걸고

진주 남강과 의암

촉석루

성을 지키다가 끝내 죽임을 당하였다.

진주성 안에 세워진 김시민 장군 동상

　진주성을 끼고 유유히 흐르는 남강은 진주의 역사를 증명하고 있다. 바로 이 남강의 물빛에는 임진왜란 때 저항하며 스러져간 진주 민들의 붉은 피와 의로운 기생 논개의 숨결이 함께 일렁이고 있다.

　진주성 안으로 들어가 촉석루에 서서 남강을 바라보면 바로 아래 의암(義巖)이 보인다. 바로 이 바위 위에서 임진왜란 당시 2차 진주성 전투에서 기생 논개가 왜군 적장 게야무라 로쿠스케[毛谷村六助]를 유인하여 끌어안고 스스로 목숨을 던졌다. 너무나 유명한 이야기다. 역사 속에 잊혀지지 않는 한 페이지를 마주하고 있다.

　촉석루는 진주의 상징이자 영남 제일의 아름다운 누각이다. 촉석루는 전쟁이 일어났을 때 장군이 지휘하던 남장대(南將臺)였다. 평상시에는 풍류를 즐기던 곳이자 과거시험 장이기도 했던 이 곳. 의로운 논개의 희생을 기리는 의암이 위풍당당하게 보인다. 촉석루 옆에는 논개의 사당인 의기사(義妓祠)가 있다. 1739년(영조 16)에 경상우병사 남덕하(南德 夏)가 논개의 애국충정을 추모하며 사당인 의기사를 촉석루 옆에 세웠다. 그리고 1868년 (고종 5) 진주목사 정현석(鄭顯奭)의 노력으로 매년 6월 논개를 기리는 의암별제가 마련 되었으나 일제에게 나라를 빼앗긴 이후 중단되었고, 사당 또한 방치되어 무너질 지경이 었다. 이때 진주의 기생 박금도(朴錦桃), 문수향(文水香), 이명월(李明月) 등이 적극적으로 나서 돈을 모아 직접 수리에 나서기도 했다. 3·1운동이 벌어진 다음해 1920년 6월의 일이 다. 3·1운동에 참여한 진주 기생들이 모진 고난을 겪었을 것인데도 진주 기생들은 일본 제국주의의 폭력에 다시 한 번 맞서며 의로운 항쟁을 이어갔다. 그녀들만의 정체성을 지 키고 의지를 굳건히 하고자 했던 일일 것이었다. 의기사와 촉석루는 한국전쟁 때 불타 없 어졌던 것을 1960년 시민들의 힘으로 다시 세워 오늘에 이른다.

기생으로 산다는 것, 논개의 후예들

기생(妓生)은 조선사회의 신분제 틀 안에서 천민이었다. 하지만 이들은 궁궐과 관청 에 소속된 관기(官妓)로서 양반 지배층을 위해 체계적인 교육을 받았던 존재였다. 각종 춤과 노래, 악기 연주뿐만 아니라 행동의 올바름, 시가(詩歌)와 서사(書史), 기초적인 학문 등을 익혔다. 전통적인 기생들은 비록 천한 신분이었으나 예술적 재능뿐만 아니라 학문 도 겸비한 다재다능한 존재였다.

기생들은 조선사회가 붕괴되면서 신분제가 혁파되자 자유로운 개인적 삶을 얻게 되 었다. 그러나 개인적 삶이 신분의 상승을 가져 온 것은 아니었다. 오히려 식민지라는 틀 속에서 살아남기 위한 경쟁체제에 속박되어 갔다. 일제는 의도적으로 전통적 관기의 입 장에 있는 기생과 매음녀인 창기를 동일시하면서 공창화를 진행시켰다.

일제의 공창화 진행 속에서 기생들은 춤을 추고 노래를 부르며, 다른 사람의 웃음을 위해 존재하는 여성이었다. 자기 인생을 위해 살았다기보다는 타인을 위한 삶과 타인에 의해 그려진 여성이 바로 기생인 것이다. 일제의 강력한 통제시스템 안에서 기생들의 개인적 삶의 변화는 생존권과 맞물려 상품화 되어갔다. 일제의 식민지배는 우리의 전통적인 기생의 모습을 급격히 변화시켰다. 기생들은 궁중무[呈才] 등의 전통기예를 계승하는 한편, 새로운 예능의 장르도 개발하면서 공연문화를 이어갔다. 또한 사회적 멸시에도 불구하고 새로운 문물을 접하는데 거리낌이 없었고, 비교적 자유롭게 사고하면서 근대라는 미명에 더욱 발 빠르게 움직일 수 있었다.

빼앗긴 들에서 새로운 민족적 각성 속에 3·1운동이 일어났다. 이 역사적 사건 속에 민중의 일원이었던 천한 기생들도 생존권의 바탕위에 민족적 감정을 숨기지 않았다. 기생들의 3·1운동은 식민지 통제하에서 기생 자신들의 정체성을 찾기 위한 사회운동의 연장선이었고, 생존권 운동이었다라고 할 수 있다.

진주기생들의 만세운동은 3월 19일 진주군 만세운동의 물결과 함께 시작되었다. 진주군의 만세운동은 3월 18일 진주읍 장날 시작되었다. 사전에 준비되었던 만세운동으로서 오후 1시경 이영규가 비봉산 위에서 나팔을 불자 모여 있던 군중들이 일제히 봉기하였다. 오후 4시경 만세운동의 대열이 경상도청 앞에 이르렀을 때 시위군중들은 약 3만명으로 늘어나 있었다. 대규모의 만세운동으로서 일본군 헌병과 경찰은 저녁 무렵 약 300명을 검거하였다. 그러나 만세운동은 멈추지 않고 야간에도 지속되었다. 시위 군중들은 각각 나누어져 요소 요소에서 봉화를 올렸으며, 오후 7시에는 '노동독립단'의 군중 대열이, 2시간 뒤에는 '걸인독립단'이 나타나 시위를 전개하였다. 다음날 3월 19일에는 만세운동의 여파로 진주읍내 상점들이 철시투쟁에 들어갔다. 오전 11시 읍내에서 다시 약 7,000여명의 군중이 봉기하여 악대를 선두로 태극기를 앞세우고 독립만세를 고창하였다. 이때 진주 기생들의 '대한독립만세'의 외침이 군중대열과 함께 영남포정사에서 촉석루를 향했다.

만세운동이 시작된 진주성 영남포정사

　진주 기생들은 영업 터전이었던 상점들의 상인들이 적극적인 철시투쟁을 진행하는 것과 때를 같이했다. 진주의 기생들은 오후 3시경 1만여 군중이 모여 만세시위를 전개할 때 가장 앞장서서 만세를 불렀다. 일제는 그녀들을 '기생독립단(妓生獨立團)'이라 부르며 당황해 했다. 기생독립단은 "우리가 죽어도 나라가 독립이 되면 한이 없다"고 외치며 저항하다 결국 기생 6명이 일제경찰에 검거되었다. 진주 기생들의 3·1운동으로 많은 시위 군중들이 남녀노소를 막론하고 기생들과 함께 만세를 불렀으며, 기생 6명이 체포된 뒤에도 그 영향은 지속되어 진주에는 독립에 대한 열망의 기운이 지속되었다.

　진주는 기생들의 고장이기도 하며, 끊임없는 왜적의 침입 속에 항전의 역사가 고스란히 숨 쉬고 있는 곳이다. 진주기생들의 저항의식은 진주성의 역사와 함께하며 그 의로움은 지금의 촉석루 옆 '의기사'에서 이어지고 있다.

　더불어 기생과 함께 천민으로만 여겨졌던 백정들이 평등한 인권을 찾기 위해 백정계

급해방운동을 벌이고자 조직한 형평사(衡平社)가 1923년 4월 24일 진주에서 조직되어 같은 해 5월 13일 진주극장에서 창립식을 갖고 인간답게 살고자 인권을 부르짖었던 곳도 진주였음을 기억하자.

진주성 의기사

통영 시장에서 외쳐진 기생들의 슬픔과 한

진주의 의로움을 안고 통영으로 향한다. 통영은 거제와 함께 한려해상국립공원으로 지정된 해상관광지이면서 임진왜란의 유적지이다. 현재 통영은 새로운 인문도시를 꿈꾸기도 하며, 동피랑 벽화마을과 서피랑 마을이 가장 핫한 관광지가 되었다. 또한 한려수도를 바라보는 케이블카와 전망대는 빼놓을 수 없는 코스다. 그리고 우리는 통영에서 이순신장군을 기억한다. 이순신 장군의 성지와도 같은 곳으로 충무공이 통제영을 설치함으로써 국방 요지로 자리 잡았던 곳이 한산도이다.

임진왜란 당시 3대첩인 행주대첩과 진주대첩, 그리고 한산대첩이다. 진주성에서 진주대첩의 감동을 느끼고 도착한 통영 앞바다는 또 다른 전율을 불러 일으킨다. 한산도 앞바다의 싸움은 1592년(선조25) 7월 8일 시작되었다. 전날 7월 7일 통영과 거제 사이의 좁

한려수도

은 수로 견내량에 왜선 70여척이 정박해 있다는 정보를 입수한 조선 수군은 함선 100여
척을 이끌고 출전했다. 충무공 이순신은 왜군을 한산도 앞바다로 유인하여 학이 날개를
편 모양의 진을 치고 공격하는 전법인 학익진(鶴翼陣)의 대형을 취하여 적을 공격했다.
이날 공격으로 왜선 70여척 중 59척이 격파되었고, 대승리로 왜군의 전라도 침공을 막고
남해 해상권을 장악하면서 왜군에게 결정적인 타격을 안겨주었다.

　　통영항에는 많은 배들이 생업을 위해 드나들고 있지만, 한쪽에는 커다란 거북선과
판옥선이 우리를 맞으며 당시를 기억한다. 그리고 통영항을 끼고 육지쪽으로는 가까운
곳에 세병관과 충렬사 등이 있다. 세병관은 1604년 창건된 객사로서 통제영의 상징적 건
물이다. 장대석 기단 위에 단층팔작집으로 거대한 목조건물이다. 이곳에 가만 앉아 바다
를 향해 보면 건물들이 많이 들어서긴 했지만 푸르른 통영 앞 바다가 펼쳐져 있다. 세병
관 앞에는 수항루(受降樓)가 세워져 있다. 이름이 말하듯 왜적으로부터 항복을 받았던

곳이다. 세병관 위쪽에는 1606년(선조39) 충무공의 부하였던 이운룡이 통제사로 부임해왔을 때 왕명에 따라 지은 충렬사가 있다. 충렬사는 충무공 이순신 장군을 기리고 추모하는 사당이다. 이렇듯 통영은 역사 속의 항쟁지다.

세병관

충렬사

이런 항쟁의 역사는 바로 통영항의 부도정, 현재의 중앙시장 일대에서 3·1운동으로 이어갔다. 통영 기생들의 만세운동이 통영 만세운동의 절정이었던 4월 2일 함께 했다. 통영군의 만세운동은 3월 9일 통영면 서정에 사는 기독교도 진평헌 외 19명이 독립선언서를 시내에 배포하고 만세운동을 기도하면서 시작되었다. 그리고 3월 18일에는 통영면 신정 출신의 기독교도 이봉철 외 2명이 통영시장에서 만세운동을 주도하였다. 이날 시위에 통영면 신정에 있는 한문학당 관란재(觀瀾齋)의 학생인 박상건(당시 17세) 등 서당 학생들이 적극 가담하였다. 3월 22일에는 일제의 하급 행정기관의 관리들도 시위준비에 참가하거나 만세운동을 직접 주동하였다. 면서기 3명, 군청 직원 3명, 산림 기수 1명 등이 청년학생들과 함께 만세운동을 모의하다가 검거되었다. 3월 28일 오후 5시경에는 통영면 조일정·박성일 외 7명이 통영군 부도정 시장에서 독립만세를 부르다 검거되었다. 김재욱은 '조선독립만세'라고 쓴 종이 깃발을 작성하여 재봉업자인 박성일 등과 함께 장날에 모인 천여 명의 군중에게 나누어주고 운동을 주동하였다. 이날의 만세운동은 포목

통영중앙전통시장

상·해물상·재봉업자 등 중소상인과 자영업자가 사전에 모의하고 조직한 것이었다. 3월 31일에는 '경남독립회' 명의로 통영 면장에게 경고장이 발송되었는데, 지식인·청년·학생들의 선전·선동 작업으로 통영지역의 반일의식이 한층 고양되었다. 3월에 일어난 만세운동으로 고조된 지역주민의 분위기는 4월 2일 만세운동에서 절정에 달하였다. 3월 18일 서당학생들의 시위를 주도한 박상건과 강윤조·고채주 등이 이날의 만세운동을 다시 주동하였다. 만세운동은 오후 3시 30분경 부도정 시장에 수천여 명의 군중이 집결하면서 시작되었다. 만세운동의 주동자들은 서당 학생·어민·제조업자·해외독립운동 출신자 등이었다. 이날의 시위에는 시장 상인들까지 동조하여 철시하였고, 예기조합의 기생들이 금비녀·금팔찌를 팔아 소복차림으로 시위대열에 함께 하였다. 시위군중 수는 4,000~5,000명이나 되었다. 그중 빈민들이 다수를 이룰 만큼 이름 없는 기층 민중들이 대거 참여하였다.

통영군 기생들의 만세운동은 기생 정막래(丁莫來, 당시 21세)와 이소선(李小先, 小仙, 당시 20세)이 사전 계획을 세워 1919년 4월 2일 오전 10시경 기생조합의 다른 5명의 기생과 함께 사전에 기생단(妓生團)을 조직하면서 시작되었다. 정막래는 가지고 있던 금붙이를 팔아서 상복과 짚신을 구입하고 다른 기생들에게 나누어준 뒤 상복 차림으로 기생조합소를 출발하여 4월 2일 오후 3시경 통영면 부도정(敷島町) 시장에서 만세운동의 선두에 서서 수천 군중과 함께 조선독립만세를 고창하였다. 정막래와 이소선은 바로 검거되어 군중을 선동한 죄로 보안법 위반에 징역 6개월을 언도 받았다. 정막래와 이소선이 미리 준비한 상복 차림으로 만세를 부른 것은 고종 임금이 승하 했을 때 국부를 잃은 슬픔을 표현했던 것이다. 그것은 관기의 후손으로서 예를 다하는 것이었고, 전통적으로 예능의 전수자로서 지니고 있던 민족적 감정의 표출이었다. 이들 기생들이 상복차림으로 만세를 부르며 시위군중의 앞에선 것은 그 만큼 자신들도 민족적 입장에 서 있다는 것을 강조하고자 함이었다.

또한 기생들의 만세운동은 자신들의 영업지역과도 무관하지 않다. 통영 기생들이 만세를 불렀던 곳이 시장으로 시장 상인들의 철시 투쟁과 함께하였다. 기생들은 생존권의 터전 위에서 '대한독립만세'를 소리높이 외쳤다.

통영항의 거북선

거제 3·1운동과 포로수용소

거제도는 우리나라 섬 가운데 두 번째로 큰 섬이다. 육지인 통영과 연계되어 육지나 다름없어진 섬이다. 하지만 한국전쟁 당시 이곳은 동떨어진 외딴 섬이었다. 그래서 전쟁 포로를 격리하고 수용하기 적합한 곳이었다. 우리가 거제하면 떠 올리는 포로수용소는 분단의 아픔과 함께한다. 당시 거제도 주민은 10만명이었고, 피난민이 약 20만명, 그리고 포로들이 17만명이었다. 거제포로수용소는 1951년 2월 거제도 신현읍 독봉산 아래 들어섰다. 현재 거제포로수용소유적공원으로 꾸며진 이곳은 포로수용소 당시의 건물 잔해 등을 이용해 많은 이들에게 전쟁의 아픔을 알리고 있다. 우리는 남아 있는 기록과 기억들을 통해서 역사를 배운다. 그리고 현실을 깨달으며 미래를 열어간다. 전쟁의 상처와 분단의 아픔을 고스란히 간직한 이 곳에서 통일의 봄이 오기를, 100년의 봄 속에서 평화의 바람이 불기를 간절히 소망해 본다.

거제포로수용소유적공원

독봉산 정상부근에 남아있는 유엔군 통신대 유적

　거제도에도 1919년 3·1운동의 거센 물결이 함께했다. 1919년 4월 3일 이운면 아주리에서 만세운동이 벌어졌다. 윤택근·이주근·이인수·이주목·주종찬·권오진 등을 중심으로 장날을 기해 아주장터에서 만세운동이 격렬하게 진행되었다. 농민과 어민, 상인 등이 장터에서 대한독립만세를 외치며 4월 6일까지 아주, 옥포 등지에서 2천 5백여명이 만세운동에 참여하였고, 주동자들은 일제의 무력 탄압으로 체포되어 옥고를 치렀다.

　1889년 한일통어장정으로 거제도의 구조라, 지세포, 장승포, 칠천도, 산달도에 일본인 4백여호 2천여명이 이주하였고, 1914년 행정구역 통폐합 때 거제군이 통영군에 통합되어 거제군민들은 일제의 관할 하에 많은 어장과 어업권을 빼앗기고 수탈의 대상이 되었다.

　지금은 아름다운 거제 해금강의 모습과 파도소리를 들으러 많은 이들의 발길이 거제도를 향하지만, 옛 아주장터를 내려다보는 옥녀봉 승지의 '거제3·1운동기념탑'앞에 선 나에겐 거제의 파도소리가 더욱 거칠게 물결친다.

거제3·1운동기념탑

저항의 섬,
세계 평화의 섬을
꿈꾼다.

제주의 일렁이는 푸른 파도와 푸른 함성

삼다도 제주, 물과 바람과 여자가 많다는 곳이다. 한반도 남쪽의 섬으로 면적이 1833.2㎢로 대한민국 면적의 1.83%에 해당하며 인구는 2018년 2월 기준으로 68만 1,095 명이다. 우리나라 섬 중에서 제일 인구가 많은 곳이다. 지금은 세계인들이 찾아오는 관광의 섬으로 천혜의 자연과 다양한 박물관 시설들로 가득 차 우리들 삶의 힐링 공간이 되어가고 있다. 더하여 제주의 역사와 생태를 따라 올레길이 만들어져 많은 이들의 발길을 유혹하고 있다.

하지만 구멍이 숭숭 뚫린 현무암을 쌓아 올려 담장을 만든 짧은 골목길 올레는 햇살이 항상 밝게 비추지만은 않았다. 잠시 마주하는 제주도의 세찬 바람과 파도 소리, 쏟아지는 비는 제주도민들의 평탄치만은 않았던 삶을 잠시 상기시켜 준다.

제주국제공항에 내려 제주시 중심을 지나 해안도로를 따라가다 보면 조천읍이 나온

조천만세동산 성역화 공원의 애국선열추모탑과 창열사

다. 조천읍 신북로에는 아주 자그마한 동산이 하나 있다. 예전에는 미밋동산으로 불렸으
며 지금은 만세동산으로 불린다. 제주 3·1운동의 발상지로 이를 기억하고자 조천만세동
산 성역화 공원이 조성되어 독립운동의 성지임을 알리고 있다. 미밋동산 위에는 '3·1독립
운동기념탑'이 세워져 있고, 그 아래 넓은 공원에는 바다를 등지고 애국열사들의 위패
를 모신 '창열사'와 그 앞에 '애국선열추모탑'이 크게 만들어져 제주도의 항일운동을 기
억하고 있다. 제주항일기념관 안에는 제주도민들의 독립의지를 고스란히 담아내며, 제
주지역 항일운동의 역사적 사실들을 항일사료와 디오라마, 영상으로 전시하고 있다. 제
주항일기념관은 독립정신의 혼이 깃든 성지(聖地)로서 민족의 자존심과 민주, 자주, 독립
국가의 위상을 바르게 지키고자 건립되었다. 미밋동산 위의 기념탑에서 참배하고 창열
사 뒤로 보이는 제주도 푸른 바다의 수평선의 일렁임 속에 '대한독립만세'의 외침이 물
결친다.

제주도의 3대 항일운동을 꼽으라면 법정사 항일투쟁, 조천 3·1운동, 해녀들의 항일투쟁을 말한다. 법정사 항일투쟁은 3·1운동이 일어나기 전 1918년에 발생했다. 법정사(法井寺)는 1911년 9월 창건되었는데, 경북지역에서 항일운동을 펼쳤던 김연일(金蓮日)이 1914년 법정사의 주지로 부임하면서 항일운동의 근거지가 되었다. 1918년 9월경 김연일 등은 곤봉과 화승총, 깃발 등을 준비하고 10월 7일 새벽 법정사 정기 예불일에 모인 사람들과 출정식을 갖고 도순리로 향하였다. 선봉대가 각 마을에서 참여자를 모집하였고 영남리, 서호리, 강정리, 호근리, 하원리로 나아갔으며, 중문리에서는 인근 마을사람 700여 명도 참여하여 중문리 경찰주재소의 기구와 문서 등을 불태우고, 구금되어 있던 농민 13명을 석방한 뒤 주재소를 불태워 버렸다. 그러나 항쟁은 서귀포 기마순사대에 의해 저지되었고 66명이 검거되고 31명이 실형을 받았다. 법정사 항일투쟁은 스님들과 주민들 주도의 무력항쟁이었다.

미밋동산(만세동산) 위에 세워진 3·1독립운동기념탑

조천 3·1운동은 1919년 3월 21일부터 24일까지 4차에 걸쳐 연속적으로 전개되었고, 조천에서 시작된 만세운동은 함덕, 신흥, 신촌 등으로 확대되었다. 조천의 김시범(金時範) 과 김시은(金時殷)은 조선 각처에서 조선의 독립을 요구하는 만세운동이 벌어지고 있음을 알고 제주도에서도 만세운동을 벌이기로 하고 동지들을 규합하였다. 거사일은 유학자로 존경받았던 김시우(金時宇)의 제삿날인 3월 21일로 결정하였다. 사전에 김장환(金章煥) 등이 만든 '독립만세' 깃발 4개를 가지고 100여명의 주민들과 미밋동산에 올라 독립선언식을 거행하고 '대한독립만세'를 부르며 마을을 행진하였다.

제주항일기념관

제주항일기념관 항일애국지사들을
추모하는 백비(白碑)

이후 3월 22일에는 조천장터에서 제2차 만세운동이 벌어졌다. 먼저 만세를 부르다 체포당한 주민들의 석방을 요구하며 200여명이 만세를 부르다가 박두규와 김필원이 연행되었다. 3월 23일 다시 조천장터에서 백응선(白膺善), 김년배(金年培), 이문천(李文千) 등의 주도로 만세운동이 시작되었다. 이문천은 약 100명의 시위대를 지휘하며 함덕리로 행진하였다. 함덕리에서 청년들과 주민들이 합세하여 시위군중은 800여명으로 늘어났다. 함덕국민학교를 거쳐 비석거리 일대를 행진하며 만세를 불렀고, 이문천과 백응선 등 8명이 경찰의 진압 아래 연행되었다. 3월 24일 주민들은 다시 조천장터에 모였다. 김년배를 중심으로 1,500여명의 주민들이 대한독립의 기치를 올려 세웠다. 시위 군중들은 구속자들의 석방을 요구하며 거세게 항의하다 또다시 만세운동을 주도했던 김년배 등 4명이 붙잡혀갔다. 조천만세운동을 주도했던 백응선의 경우는 징역 6개월을 받고 옥고를 치른 뒤 출옥하였지만, 고문후유증으로 1920년 3월 28일 25세의 젊은 나이에 요절하였다. 만세운동의 열기는 식지 않았다. 대한독립의 함성은 어부들의 해상시위, 서귀포 등지의 만세운동으로 확산되어 갔다.

제주의 어머니, 해녀들의 삶과 투쟁

제주하면 제일 먼저 떠오르는 것이 제주해녀들이다. 제주해녀는 제주의 강인한 어머니이며 제주도민의 정신적 지주이다. 제주해녀들은 공동체를 구성하여 삶을 이끌어 가면서 물질을 한 수익으로 기금을 마련해 마을과 학교 등 사회에도 공헌한 바가 컸다. 서로의 삶을 보듬으며 바다와 함께 제주도를 지켜갔던 제주해녀들. 제주해녀문화는 2016년 11월 30일 유네스코 인류무형문화유산으로 등재되었다.

제주해녀박물관

이를 기념하고자 제주시 구좌읍 해녀박물관길에 제주해녀박물관이 2006년 만들어져 개관했다. 그 곳에서 제주 해녀들의 삶과 항일투쟁의 역사를 만나 볼 수 있다. 그리고 제주해녀박물관의 전시관을 나와 앞의 넓은 공원을 걷다 보면 작은 동산 위에 탑이 하나 서 있음을 본다. 1932년 1월 구좌읍과 성산읍, 우도면 일대에서 일제의 식민지 수탈과 민족적 차별에 항거한 해녀들의 항일운동을 기리기 위해 세워 놓은 '제주해녀항일운동 기념탑'이다. 당시 항일 시위에 참여했던 해녀들의 2차 집결지인 이곳, 연두막 동산에 해녀 항일 운동 정신을 기리고자 세워졌다.

연두막 동산 제주해녀항일운동기념탑

연두막 동산 제주해녀항일운동기념탑

제주해녀항일운동은 1932년 1월 구좌면과 성산면, 우도면 일대에서 일제의 식민수탈과 민족적 차별에 항거한 해녀들의 여성 항일운동이다. 이 운동은 제주도의 여성들이 주도한 유일한 운동이자 가장 큰 규모의 항일운동이었다. 일제강점기 제주도사(濟州島司)가 회장을 겸임했던 제주도해녀조합은 본래 취지에서 벗어나 수탈기구로 전락하였다. 그러면서 해녀들이 채취한 해산물을 착취하는데 열을 올렸다. 이에 1932년 1월 7일 부춘화(夫春花, 당시 25세), 김옥련(金玉連, 당시 23세), 부덕량(夫德良, 당시 22세) 등 구좌면, 정의면 지역 해녀들은 오일장에 모여 손에는 전복을 채취할 때 쓰는 빗창을 들고, 머리에는 수경을 끼고 제주도해녀조합의 착취에 대해 성토하며 항거하였다. 당시 해녀조합지부장을 구좌면장이 겸임하고 있어 해녀들은 구좌면사무소로 행진하였다. 면사무소 앞에서 부춘화, 김옥련, 부덕량 등 해녀들은 자신들의 요구조건을 면장에게 제시했으나 12일에 제주도사가 오면 해결하겠다는 면장의 약속을 받고 돌아갔다. 1월 12일 다시 구좌면 종달리, 하도리, 세화리 해녀들과 정의면 오조리 해녀 700여 명이 연두막 동산에 집결해 약속 이행을 촉구하는 시위를 벌였다. 연두막 동산의 해녀들은 호미와 빗창을 손에 쥐고 만세를 부르며 세화오일장으로 행진했다. 그녀들의 손에 쥐어졌던 것은 힘들고 고단했던 차별적 삶이었다. 세화오일장에 도착한 해녀들은 제주도해녀조합에 대한 부당함에 죽음으로써 항쟁하자는 다짐을 했다. 그만큼 절박했던 당시 해녀들의 삶을 알 수 있다. 구좌면과 정의면 각 리별로 20여명의 해녀대표를 선출하고 요구조건을 결정하였다. 이때 구좌면사무소를 방문했던 제주도사 다쿠치 데이키가 돌아가려 한다는 소식을 들은 시위대는 즉시 면사무소로 몰려가서 차를 타려고 하는 제주도사를 포위하고, 제주도사로부터 해녀들의 요구를 일부 수용하겠다는 약속을 받아냈다. 이에 따라 지정판매 폐지, 경쟁입찰에 의한 공동판매의 부활, 미성년자와 40세 이상 해녀조합비 면제 등의 요구사항이 관철되었다. 제주의 어머니, 제주해녀들의 다함께 살아야 한다는 공동체적 삶의 승리였다.

제국 최후의 발악, 하지만 우리는 평화를 원한다

제주도는 화산섬이다. 제주도를 상징하는 웅장한 한라산을 모태로 수많은 기생화산 오름이 있다. 이 많은 오름을 중심으로 제주도를 만끽할 수 있는 올레길도 형성되어 있다. 그런데 이러한 오름들을 자세히 살피면서 걷다 보면 일본 제국주의 최후의 발악 현장을 확인할 수 있다. 태평양전쟁 말기 전쟁의 패전을 직감한 일본제국은 제주도를 군사 요지화 하였다. 오름들에는 우리의 제주도민들을 강제 동원하여 노동력을 착취하며 파 놓은 동굴 진지들이 산재해 있다. 또한 제주도 푸른 바다의 파도가 넘실대는 해안가에는 고사포 진지 동굴들이 전쟁의 상흔과 강제 동원의 아픔을 간직한 채 남아 있다.

일본 제국주의는 조선을 대륙 침략의 교두보로 삼았다. 1931년 만주사변을 일으켜 1932년 2월 하얼빈 점령 후 만주 전역을 제압하며 대륙침략의 야욕을 드러냈다. 일제는 1932년 3월 1일 만주국을 세워 중국 청 왕조의 마지막 황제 푸이를 만주국 황제에 봉했다. 일제는 1935년 중국 북부 지역의 분리 공작을 개시하여 1937년 7월 7일 북경 교외의 '노구교 사건'을 일으켜 중일전쟁이 발발했다. 1937년 12월 13일 일본군이 남경을 점령하면서 중국인민군은 물론 일반 부녀자들까지 폭행하고 학살하여 '남경 대학살'이 벌어졌다.

일제의 대륙침략과 지배의 야욕은 1940년 12월 8일 진주만을 기습 공격하면서 태평양 전쟁을 야기했다. 제2차 세계대전에서 일본은 인도양과 남태평양의 제해권을 장악하여 필리핀, 말레이 반도, 인도네시아를 점령한 뒤 동남아시아의 거의 전역을 장악하기에 이르렀다.

하지만 1942년 6월 미드웨이 해전에서 일본해군이 참패를 당하고, 1944년 미군의 일본 본토 공습이 본격화되면서 도쿄를 비롯한 일본 대도시는 폐허가 되었다. 1945년 4월 미군이 오키나와를 점령하고 5월 독일이 항복하자, 1945년 7월 26일 미국과 영국, 중국이 포츠담 선언을 채택하여 일본의 무조건 항복을 요구했다. 하지만 일본이 이를 수용하지 않자 1945년 8월 6일 히로시마에 원폭이 투하되었다. 8월 8일에는 소련이 대일선전을 포고하였고, 다시 8월 9일에 나가사키에 원폭이 투하되었다. 원폭의 엄청난 위력에 밀린 일본 천황은 1945년 8월 15일 종전 조서를 발표했다. 그리고 9월 2일 항복문서에 조인했다.

일본이 항복하기 전 1945년 봄부터 제주도에서는 일본군이 미군의 상륙을 대비하여 전투를 준비하기 시작했다. 일본은 제주도에 약 7만 5천여명의 군대를 주둔시키며 섬 전체를 요새화했다. 이때 일본군은 비행장, 격납고, 참호 등의 군사시설을 정비하거나 새롭게 만들기 시작했다.

제주도 서귀포시 대정읍에는 1930년대 일본 해군항공대가 조성한 알뜨르비행장이 있다. 그 주변의 동알오름과 셋알오름, 섯알오름에는 갱도 진지와 항공기를 공격하는데 쓰인 고사포를 설치했던 진지도 있다. 또한 송악산 해안에는 천연 암반을 파내어 어뢰정을 숨겨 놓았던 갱도 진지 10여개의 동굴들이 남아 있다.

가마오름 대공포 진지

가마오름 동굴진지 입구

가마오름 동굴진지 내부

가마오름 동굴진지 내부

일제가 파놓은 동굴진지 중 가장 먼저 만들고 가장 긴 진지가 가마오름에 있다. 가마오름에는 일본군 제111사단 제244연대 본부 및 주력, 독립야포병 제6연대, 전차 제12연대 제14중대 일부 병력 등이 주둔했던 것으로 알려진다. 가마오름 동굴진지는 총 길이가 약 2,000m, 출입구가 33곳이나 된다. 수직으로 뚫려 있는 지하 3층 이상의 미로형 구조이다. 높이 1.6~3m, 너비 1.5~3m 규모로 연결돼 있는 땅굴 내부에는 당시 사령관실로 사용했던 10평 남짓한 방과 회의실, 숙소, 의무실 등으로 추정되는 용도의 다양한 공간이 들어서 있다. 가마오름 동굴진지는 일제가 주민들을 강제 동원하여 구축한 곳으로 제주 도민들의 피땀이 묻어있다. 가마오름의 동굴진지 1은 등록문화재 308호로 지정되어 있다. 지금 그 현장인 제주시 한경면 청수서길 가마오름에는 '제주평화박물관'이 있다. 사람들의 발길이 드문 곳이지만 이곳은 제주의 평화를 염원하는 곳이다. 이 곳 박물관은 일제강점기 일제의 진지 구축에 강제로 동원되었던 아버지 이성찬(1921년생)의 아픈 과거를 파헤친 아들 이영근의 집념으로 만들어졌다. 비록 아버지는 병상에 누웠지만 동굴 진지와 평화박물관을 통해 전쟁의 비참함을 알리고, 평화의 소중함을 일깨워주고 있는 곳이다. 박물관 전시관과 건물에는 '자유와 평화는 공짜가 아니다'라고 쓰여 있다. 우리가 알지 못하는 수많은 희생위에 자유와 평화가 유지됨을 다시 한 번 상기해 본다.

제주평화박물관

3·1운동의 또 다른 탄압, 제주도민을 사지로 내몰다

제주도는 해방과 더불어 한국전쟁기까지 수많은 가족들을 잃었다. 1947년 3월 1일부터 1954년 9월 21일까지 제주도에서 발생한 남로당 무장대와 토벌대 간의 무력충돌은 씻을 수 없는 희생을 낳았다. 토벌대의 진압과정과 미군이 앞장을 선 토벌작전에서 무고

한 제주도민들이 수도 없이 희생당하였고, 아직도 남은 가족들의 가슴에는 커다란 상처가 되어 있다. 너무나 엄청 났던 학살과 토벌이었다. 바로 이 사건의 발단은 해방 이후 1947년 3·1운동 기념식에서 시작되었다.

1947년 3월 1일 제주시 북국민학교에 3만여 명의 제주 사람들이 모였다. 해방과 함께 남과 북으로 나뉘어져 미국과 소련이라는 외세에 민족의 분열이 일어났다. 하지만 이곳에 모인 제주 사람들은 과거 항일운동의 전통을 계승하며 현재의 고난을 이겨나가고자 했다. 해방된 세상, 우리 민족의 운명을 외세의 지배에서 벗어나 통일을 염원하며 하나의 민족 하나의 독립을 외쳤다. 그러나 그날 그 마음을 찢어놓은 총성이 울렸다. 미군정은 경찰병력 100명을 파견했고, 총을 쏘아대며 과잉 진압을 했다. 때문에 민간인 6명이 죽고, 8명이 부상당했다. 사망자 대부분은 총소리에 놀라 도망가다 등에 총을 맞았다. 그 중에는 아기를 업고 있던 여성도 있었다. 그리고 어린 학생도 있었다. 그들의 손에는 아무런 무기도 또는 흉기도 없었다. 다만 하나의 조국을 원했던 항일정신을 이어가고자 했던 마음만이 있었다. 또 다른 외세를 배격하며 하나의 조국을 염원했던 의지의 표출이 4·3사건의 도화선이 되었다.

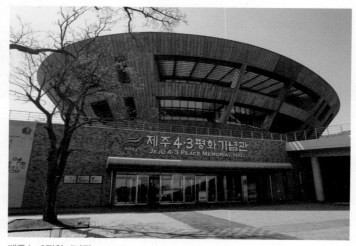

제주4 · 3평화기념관

제주4·3평화공원

　제주 4·3사건은 '제28주년 3·1절 기념 제주도대회'의 발포를 시작으로 전도민이 참가한 항의 총파업으로 시작되었다. 이에 대응해 미군정은 응원경찰과 서북청년회(西靑) 단원을 제주도에 파견하여 테러와 고문을 일삼았다. 서북청년회는 1946년에 서울에서 결성된 우익청년회로 우익정치인과 친일기업가들의 자금을 받으면서 지방에 지부를 두고 조직을 확대해 좌익 계열 조직들을 공격하는데 앞장섰던 단체였다. 결국 1948년 4월 3일 남로당 제주도당 무장대는 경찰과 서청의 탄압에 대한 저항과 단선·단정 반대를 기치로 무장봉기하였고, 5·10 총선거에서 제주도 2개 선거구만이 투표수 과반수 미달로 무효 처리되었다.

　1948년 8월 15일 대한민국이 수립된 뒤 정부는 제주도 사태를 진압하기 위해 군 병력을 증파하여 강력한 진압작전을 펼쳤다. 11월 17일 제주도에 계엄령이 선포되었고, 중산간마을을 초토화시킨 대대적인 강경 진압작전이 전개되었다. 제주도 전역에서 무장대에 협조했다는 이유로 수많은 주민들이 집단적으로 죽임을 당했다. 1949년 3월에서야 선무(宣撫)를 원칙으로 한 진압작전이 전개되어 한라산에 피신해 있던 사람들이 하산하였다. 1949년 5월 10일 재선거가 성공리에 치러졌고, 그해 6월 무장대는 사실상 궤멸

되었다. 1950년 한국전쟁이 발발하자 예비검속자와 내륙지방 형무소 재소자 등이 또다시 희생되었다. 결국 1954년 9월 21일 한라산 금족(禁足)지역이 전면 개방되었다. 이로써 1947년 3·1절 발포사건과 1948년 4월 3일 무장봉기로 촉발되었던 제주4·3사건은 무장대와 토벌대 간의 무력 충돌과 토벌대의 진압 과정에서 2만 5천~3만 명의 주민들이 희생된 가운데 7년 7개월 만에 막을 내렸다.

세계적인 냉전 상황과 한반도 분단체제의 고착화 과정에서 발발하여 전개된 제주 4·3사건은 국가 공권력에 의한 집단 희생으로 귀결되었고, 이후 반세기를 넘어 진상규명 운동의 과정을 거쳐 현재 명예회복을 통한 화해와 상생의 해결 과정을 밟고 있다.

이를 위해 제주시 명림로에 커다란 공원이 들어섰다. 위령재단이 설립되고 위령탑이 세워졌고, 2008년 3월 제주 4·3평화기념관이 개관하여 '제주 4·3평화공원'이 조성되었다. 전시관 입구를 들어서 마주하는 제주4·3사건의 시발점을 보여주고 있는 1947년 3·1절 애니메이션 영상이 틀어져 있다. 그 영상 속에 쓰러져 있는 아이를 업은 어머니와 학생의 미약해져가는 숨소리가 가슴을 울린다. 전시관을 나오며 마주하는 희생자들의 모습은 이젠 다시는 이런 희생이 발생하지 말아야하며 진정한 화해와 상생을 통해 평화의 길을 가야만 함을 역설하고 있다. 또한 더 이상의 분단국가가 아닌 평화통일을 이루어 동아시아의 평화와 세계평화를 이뤄야만 하는 진정한 평화의 섬 제주도를 꿈꾸고 있다.

제주4·3평화기념관

제주4 · 3평화기념관

우리가 일군 땅과 우물,
용정에서 터져 나온
함성

만주, 새로운 삶과 독립의 희망

'만주(滿洲)'는 현재 중국에서는 동북지구로 불리고 있는 요령성, 길림성, 흑룡강성의 3성을 지칭한다. 만주는 원래 민족 명칭이었지만 근대 이래 지역 명칭으로 사용되었다. 지명으로서의 만주는 요서와 요동지방을 지칭하였지만 곧 지금의 만주 전역을 가리키는 명칭이 되었고, 청나라 말기에는 만주가 동삼성(봉천성, 길림성, 흑룡강성)으로 불렸다. 만주 명칭은 1930년대 '만주국'이 수립되면서 보편적으로 사용되었고, 중화민국 시대까지도 중국인들에 의해 사용되었다. 그렇지만 중화인민공화국이 성립되면서 만주 명칭은 사라졌고 대신 중국 동북지구라는 명칭이 사용되기 시작했다.

근대의 만주는 러시아와 일본을 필두로 한 제국주의 세력의 각축장이 되었고, 많은 역사적 사건들이 이곳에서 촉발되어 동아시아 국제질서에 커다란 변동을 야기하였다. 우리에게 있어 만주는 고조선·고구려·발해의 영토이자 우리 조상의 발상지이기도 하다.

백두산 천지

문화적으로도 만주는 대륙의 선진문화를 한반도로 전파시켜 주는 매개지역으로서 한반도의 문화수준을 높여주는 기능도 했다. 만주가 다시 우리민족의 역사로 편입되기 시작한 것은 19세기 중엽부터이다. 함경도와 평안도의 농민들이 살길을 찾아 집단적으로 만주로 이주하여, 특히 두만강 대안지역인 간도(지금의 연변)로 건너가 정착하기 시작하였다. 일제강점 전후에는 국내 의병들과 그 가족들, 민족의 독립을 열망했던 많은 조선인들이 국경을 넘어 만주로 갔다. 그리고 현재 그들의 후손들이 조선족이라는 이름으로 삶을 영위하고 있다. 만주는 우리의 역사 속에서 빠질 수 없는 곳이다. 비록 지금은 중국의 땅이지만 새로운 삶이 시작된 독립운동의 현장으로 우리 민족의 역사가 깃든 영토이다. 그 역사는 백두산 천지에서 뻗어 나간다. 나는 오늘 백두산 천지를 바라보며, 광활한 우리의 옛 영토 만주를 굽어보고 있다.

독립전쟁을 선포한 '무오독립선언서'

무오독립선언서로 알려져 있는 '대한독립선언서'는 1918년 음력 11월 만주와 노령(露領)을 중심으로 독립운동을 하던 애국지사 39명이 서명하고 독립을 선언한 글이다. 1918년 무오년에 선포되었다고 하여 우리에겐 무오독립선언서로 알려져 있다. 작성자는 조소앙(趙素昻) 선생으로 알려진다. 무오독립선언서는 우리 대한은 완전한 자주독립국이며, 민주적인 자립국임과 함께, 타민족의 대한이 아닌 우리 민족의 대한으로서 우리의 독립은 정당한 권리임을 명시하고 있다.

무오독립선언서는 우리나라 최초의 독립선언서이며 당시 2천만 동포들에게 국민된 도리로서 육탄혈전(肉彈血戰)하여 독립을 쟁취할 것을 요구하고 있다. 해외에서 독립전쟁을 수행하기 위한 목적에 부합하여 한일병합의 무효를 선포하고, 독립을 위한 무력적 대항을 부르짖었다.

대한독립선언서(大韓獨立宣言書)

우리 대한 동족 남매와 온 세계 우방 동포여!

우리 대한은 완전한 자주독립과 신성한 평등복리로 우리 자손 여민(黎民: 백성)에 대대로 전하게 하기 위하여,

여기 이민족 전제의 학대와 억압을 해탈하고 대한 민주의 자립을 선포하노라.

(중략)

아 우리 마음이 같고 도덕이 같은[同心同德] 2천만 형제자매여! 우리 단군대황조께서 상제(上帝)에 좌우하시

어 우리의 기운(機運)을 명하시며, 세계와 시대가 우리의 복리를 돕는다.

정의는 무적의 칼이니 이로써 하늘에 거스르는 악마와 나라를 도적질하는 적을 한 손으로 무찌르라. 이로써 5천년 조정의 광휘(光輝)를 현양(顯揚)할 것이며, 이로써 2천만 백성[赤子]의 운명을 개척할 것이니, 궐기[起]하라 독립군! 제[齊]하라 독립군!

천지로 망(網)한 한번 죽음은 사람의 면할 수 없는 바인즉, 개·돼지와도 같은 일생을 누가 원하는 바이리오. 살신성인하면 2천만 동포와 동체(同體)로 부활할 것이니 일신을 어찌 아낄 것이며, 집안이 기울어도 나라를 회복되면 3천리 옥토가 자가의 소유이니 일가(一家)를 희생하라!

아 우리 마음이 같고 도덕이 같은 2천만 형제자매여! 국민본령(國民本領)을 자각한 독립임을 기억할 것이며, 동양평화를 보장하고 인류평등을 실시하기 위한 자립인 것을 명심할 것이며, 황천의 명령을 크게 받들어(祇奉) 일절(一切) 사망(邪網)에서 해탈하는 건국인 것을 확신하여, 육탄혈전(肉彈血戰)으로 독립을 완성할지어다.

건국기원 4252년 2월 일

국내에서 독립운동이 어려워져 해외로 망명한 인사들은 강력한 무력 항쟁을 통해서라도 빼앗긴 땅을 다시 찾고자 했다. 1918년 무오독립선언서가 선포되고, 1919년 3·1운동이 일어난 이후 만주에서는 김좌진 장군이 이끈 청산리 전투와 홍범도 장군이 이끈 봉오동 전투가 일어났고, 무명용사들과 만주에서 새로운 삶을 개척한 우리 민족의 많은 희생이 있었다. 하지만 그들은 좌절하지 않고 해방 직전까지 독립군이라는 이름으로 목숨을 다했다. 압록강은 역사를 말하며 흐르고 있다. 그 압록강을 건너 피땀 흘리며 일구어낸 땅, 새로운 우리의 땅, 만주벌판에 서있다.

아 일송정, 푸른 솔은

일송정에 올랐다. 조그마한 정자와 현대에 와서 상징으로 심어놓은 소나무 한그루가 반긴다. 중국측의 관리는 전혀 이루어지지 않은 듯 쓰레기가 나뒹굴고 있었지만, 일송정

일송정에 올라 바라 본 해란강

일송정에서 바라 본 용정

에서는 용정 시내가 한 눈에 들어온다. 그리고 굽이굽이 흘러가는 해란강과 넓은 평야가 또 다른 감흥을 불러일으켰다. 아, 바로 저곳이 우리 민족이 고난을 이겨내며 이주하여 텃밭을 일구고, 학교를 세워 독립정신을 불러일으키고, 지금도 우리의 민족정기를 고스란히 안고 있는 용정!

용정은 조선 민족이 제일 먼저 정착하여 논농사를 중심으로 했던 곳으로 드넓은 서전벌이 우리 눈앞에 펼쳐져 있었다. 일송정에서 내려와 연길 시내로 들어오니 상점의 한글 간판들이 눈에 들어왔다. 다른 나라가 아닌 우리 고향에 온 듯한 느낌이다. 중국에서 1988년 간판법이 제정되어 자치족의 언어와 문자, 풍속 등을 지킬 수 있게 하여 한글을 병기하고 있는 것이다.

연길에 도착하여 허기를 달래고자 북한식당에 들어섰다. 중국 곳곳에는 이렇듯 북한에서 직접 운영하는 식당이 있다. 감칠맛나는 음식을 게눈 감추듯하고 있노라면 특별한 공연이 이어진다. 예전에 상해의 북한식당에서도 공연을 하며 음식을 먹었던 기억이 새롭다. 4명의 여성이 밴드를 이루며 노래공연을 시작한다. 우리 한국 관광객을 위한 공연이다. 처음 '반갑습니다'를 시작으로 우리에게 익숙한 '휘파람', '홀로아리랑', '아침이슬' 등의 노래를 구성차게 불러준다. 북한식당의 공연팀과 직원들 가슴에는 작은 인공기 배지가 달려 있다. 하지만 '반갑습니다'로 시작되어 '동포여러분 다시만나요, 상봉의 그 날 기다립니다'로 마무리 된 공연은 짙은 여운을 남긴다.

용정의 만세운동과 명동촌

용정에서 민족독립운동 사적지를 발로 뛰어다니며 복원하고 보존하는데 20여년을 바치고 계신 최근갑 선생과 만났다. 최근갑 선생은 1926년생으로 매년 용정에서 불타올랐던 3·1운동의 물결을 재현하는 기념행사를 주최하고 있고, '3·13 의사릉'을 관리하고 있다고 한다.

최근갑 선생과 이야기를 나누며 용정의 역사를 듣고 배운다. 용정은 해란강 하류 충적평원의 중심에 자리 잡고 있으며. 1870년~1880년대부터 조선족들이 이주하여 정착한 곳으로서 '용두레촌' 또는 '육도구'라고 불렸다. 용정이라는 이름에는 1879년 전후에 장인석과 박인언씨의 두 농가가 육도구 부근에서 정착하여 농사를 짓고 살다가 우물터를 발견하고, 부근의 한족 농민들과 우물을 정리한 뒤 용두레를 설치하여 깨끗하고 시원한 물을 마시게 된 연유로 용정이라 했다한다.

용정은 러일전쟁 이후에는 연변지구에 침투하는 일본제국주의의 거점이 되었고, 1907년 일제는 무장군경들을 불법적으로 이곳에 주둔시키고 통감부 간도파출소를 설치하였으며, 1909년에는 간도협약을 체결하고 파출소를 총영사관으로 개편하였다. 용정은 항일독립운동의 중심지이자 민족학교인 서전서숙, 동흥, 대성학교 등 사립중학교가 세워져 민족교육의 산실이기도 하였다. 용정에는 대성중학교 기념관이 세워져 있다. 용정의 역사와 민족교육의 모습들을 설명해 놓고 있다. 또한 한 쪽에는 고종 황제의 밀명을 받고 헤이그 특사로 파견되었던 이상설 기념관도 마련되어 있어 역사적 의미를 더하고 있다.

용정 대성중학교

용정은 북간도 지역 3·1운동의 첫 발상지이다. 용정의 3·1운동은 용정시내에서 1919년 3월 13일에 일어났다. 만주의 첫 '대한독립만세'의 함성이 이곳에서 울려 퍼진 것이다. 이날 정오 1만여 명의 동포들이 모여 독립축하회를 열고 만세운동을 전개하였는데, 일제에게 조정 당하던 중국 맹부덕의 부대가 군중들에게 발포하여 현장에서 14명이 희생당하고 30여명의 부상자가 발생했다. 부상자 중 5명이 집에 돌아가 사망하여 희생자는 19명이 되었다. 이 중 13명의 희생자들을 양지 바른 곳에 안장한 곳이 '3·13 순국열사 의사릉'이다. 후손들은 지금도 매년 용정 시내에서 3월 13일날 기념식을 열고 의사릉에 참배하고 있다고 한다.

용정 우물 터

3·13 의사릉, 숭고한 죽음이 잡초가 무성한 채 있었다. 잠시 참배를 하였다.

용정 시내를 나와 명동촌에 도착했다. 명동촌 입구에는 규암 김약연 선생의 기념비가 세워져 있었다. 그 옆에 기

3 · 13 반일 의사릉

념관이 허술하지만 중요한 사진들을 전시해놓고 명동촌의 역사를 설명하고 있었다. 그리고 안쪽으로 윤동주 생가가 자리하고 있었다. 윤동주는 우리에게 너무나도 잘 알려진 민족시인이다. 윤동주는 명동촌에서 태어나 1931년 명동소학교를 졸업하였고, 용정 은진중학에 입학하였다. 1935년 평양 숭실중학교로 학교를 옮겼다가 다시 용정으로 돌아와 광명학원 중학부에 편입하여 졸업하였다. 이후 1941년 연희전문학교 문과를 졸업하고 이듬해 일본으로 건너가 릿쿄대학 영문과에 입학하였고, 같은 해 가을에 도지샤대학 영문과에 전학하였다. 1943년 7월 귀향 직전에 항일운동의 혐의를 받고 일경에 검거되어 2년형을 선고 받은 뒤 광복을 앞둔 1945년 2월 28세의 젊은 나이로 일본의 후쿠오카 형무소에서 비운의 생을 마쳤다. 윤동주는 개인적 체험을 역사적 국면의 경험으로 확장하여 한 시대의 삶과 의식을 노래한 민족시인이었다.

명동촌은 우리 애국지사들이 세운 민족마을이었다. 명동촌 안의 밭 가운데 명동학교 옛터 표석이 세워져 있었다. 명동학교는 1908년 서전서숙을 나온 애국지사 규암 김약연 선생 등이 민족교육정신을 계승하고자 세웠던 민족학교였다. 타국의 땅이지만 우리의 땅이기도 한 명동촌에서 지난 100년전 황무지를 밭으로 일구면서 조국독립을 희망했던 선조들에게 감사의 마음을 전해 본다.

명동촌의 윤동주 생가

명동촌

명동학교 옛터 표석

러시아 연해주

라즈돌노예역사

3·1운동 1주년,
얼지 않는
항구의 기억

수이푼 강과 함께 흐르는 '독립정신'

러시아 연해주는 극동지역이다. 직항로로 북한의 영토를 거쳐 간다면 1시간여 정도면 갈 수 있는 가까운 곳이다. 하지만 남북분단이라는 현실은 서해를 통해 중국대륙 만주를 비상하며 빙 돌아서 블라디보스토크 공항에 안착할 수밖에 없다. 커다란 이빨들을 드러내며 세계를 좌지우지하고 있는 강대국들의 틈바구니 속 분단이라는 아픔을 안고 있는 대한민국의 슬픈 자화상이 그려진다.

러시아는 세 가지의 자랑거리가 있다고 한다. 첫째는 아름다운 미모를 갖추고 있는 아가씨들이며, 둘째 자랑은 우리가 너무나도 잘 알고 있는 러시아의 술 보드카이며, 세 번째 자랑거리는 세계에서 가장 넓은 국토인 땅이라고 한다. 러시아 극동의 끝자락에서 시베리아 횡단열차를 타고 6박 7일을 가야 북유럽의 러시아 본토를 만날 수 있다.

연해주는 우리에겐 하나 된 조국에서 새로운 땅을 개척하고 빼앗긴 들을 되찾고자

라즈돌노예역의 철로

했던 독립운동의 성지이다. 블라디보스토크에서 북쪽으로 112㎞에 위치한 우스리스크로 달려간다. 이곳은 러시아 극동의 중국과 북한과의 국경지대로 교역도시이다. 우리 역사 속에서는 발해의 땅으로 솔빈부가 있던 곳이기도 하다. 현재 우스리스크의 모습은 우리에게도 익숙한 시골 풍경이다. 푸른 초록의 낮은 산들과 노란 들꽃, 그리고 갑자기 시야에 들어오는 드넓은 평야와 산 중턱의 집들이 눈에 띈다. 러시아인들이 도시 생활을 하다가 한때 와서 기거하는 별장과도 같은 집들이다. 집 한 채의 규모가 추운 나라의 특징을 보여주듯 문과 창문이 작고 밀폐된 모습이다.

블라디보스토크에서 우스리스크로 가는 길 작은 기차역이 있다. 조그만 역사가 오고가는 사람 없이 거의 없는 듯 조용하기만한 라즈돌노예역이다. 이곳은 러시아 연해주의 땅을 개척했던 우리 민족이 스탈린의 정책에 따라 강제 이주의 한이 서린 곳이다. 러시아 연해주를 개척했던 우리 민족은 소수 민족으로서 러시아의 감시와 탄압을 받아왔다. 결국 1937년 스탈린 정권에 의해 우리 민족은 강제로 중앙아시아로 쫓겨났다. 1937년 9월에서 10월 무렵 20만명의 한인이 시베리아행 기차의 화물칸에 실려 짐짝처럼 중앙아시아의 카자흐스탄과 우즈베키스탄으로 강제 이주 당하였다. 더불어 한인사회의 지도자와 지식인들도 숙청의 칼날을 피할 수 없었고, 우리가 너무도 잘 알고 있는 홍범도 장군도 강제 이주의 대상이 되어 버렸다. 그것을 증명이라도 하는 것일까. 블라디보스토크에서 출발한 화물기차가 철로 위를 한참을 달려간다. 강제 이주를 당했던 이주자의 증언과 눈물의 회상이 떠오른다. 좁은 기차 칸 안에 짐짝처럼 실려 가며 많은 사람들이 지켜보는 가운데 다 큰 딸이 용변을 볼 수밖에 없었던 상황은 강제이주의 처절한 단면이었다. 사실 그들은 중앙아시아에 버려졌고 비참한 삶을 극복해가며 살았다. 한참의 세월이 흐른 1993년 귀향하여 살고 있는 고려인은 현재 5만명 정도라고 한다. 사실 이 지역은 우리말로 하마탕이라고도 불렸는데 홍범도 장군도 한때 이곳에 머물렀다.

어느덧 말없이 유유히 흐르고 있는 수이푼 강가에서 이상설 선생을 마주한다. 이상설의 유허지에는 기념비가 하나 서 있다. 이상설은 1906년 북간도 독립운동 근거지였던 용정에 서전서숙을 개숙 한 뒤 이듬해 6월에는 헤이그특사로서 정사가 되어 이준, 이위종 부사와 함께 네덜란드 헤이그에서 열린 만국평화회의에 참석하고자 했다가 실패하고, 1908년 연해주로 망명하였다. 이후 십삼도의군 창설과 성명회 결성, 권업회 활동 등을 지도했던 연해주 독립운동계의 대표적인 지도자였다. 그는 우수리스크에서 "광복을 보지 못하고 떠나니 자신의 몸과 유품을 남김없이 불태우고 그 재도 바다에 버리고, 제사도 지내지 말라"는 유언을 남겨두고 1917년 3월 2일 48세를 일기로 눈을 감았다. 그 업적을 기리고자 이곳 우수리스크 수이푼 강 옆에 광복회와 고려학술재단이 2001년 10월 18일 러시아정부의 협조를 얻어 유허비를 세운 것이다.

우수리스크에 흐르는 수이푼 강은 우수리 강이라고도 불린다. 강물의 흐름 속에 이상설 선생이 찾고자 했던 국권이 물결친다. 우리가 할 수 있는 것은 선생을 기억하는 것과 술 한 잔 올리며 감사의 묵념을 하는 것이다.

이상설 유허비

말 없이 흐르는 수이푼 강

우수리스크는 역사적으로 발해의 땅이기도 하다. 솔빈부의 발해 성터는 자연 지형을 이용하여 절벽을 방어시설로 강을 해자로 이용한 산성으로 성안은 넓은 벌판이다. 성벽의 흔적만을 남긴 채 드넓은 들판의 목초지가 되어버렸다. 이 드넓은 땅이 풀도 많아 명마의 고장이라 하지만, 우리 민족이 계속 살았다면 물이 있고 들판이 있어 비옥했을 땅이라는 생각을 감출수가 없다.

옛 솔빈부 발해 성터 들판

우스리스크 도심에는 연해주의 고려인 역사를 한 눈에 볼 수 있는 고려인 문화센터가 있다. 우리나라 민속박물관과의 협업 속에 전시실이 다르게 민속박물관의 형태로 꾸며져 있다. 사실 기존의 전시 시설에는 러시아 연해주의 독립운동가들이 있었는데 사라진 독립운동가들이 되어버렸다. 전시실 중앙에 설치된 작은 영상 모니터를 통해 잠시 고려인들의 역사를 이해해 볼 수 있다. 년대별로 연해주 이주와 개척의 역사를 지도로 설명해 놓았고, 한쪽 칸에는 길게 아리랑과 관련된 전시를 해 놓았다. 아리랑, 우리 민족을 대표하는 상징이다. 고향에 대한 그리움을 느낄 수 있다. 데스크에서 문화센터 리후렛을 100루블(우리나라 돈으로 2,000원 정도)에 팔고 있다. 리후렛 첫 장에 쓰여진 문구가 이곳 역사관의 의미뿐만 아니라 연해주 이주 역사의 의미를 단 번에 알려 준다.

연해주.

한 민족에게 기억의 뿌리이자 약속의 땅이었습니다.

또한 우리 역사의 질곡과 함께하며,

강인한 희원을 피워 올리던 생명의 땅이었습니다.

국경 너머로 희망의 씨앗을 옮겨와 심었고,

빼앗긴 조국을 향해 다시 국경 너머 꺾이지 않는 저항의 씨앗을 실어 보냈습니다.

연해주.

이 땅에서 우리는 고난과 절망을 딛고 곳곳에 싹을 틔운 씨앗들을 만날 것입니다.

고려인문화센터

고려인문화센터 전시관 – 안중근의사 동의단지회 혈서 엽서

고려인문화센터 홍범도 장군 기념비

고려인문화센터 안중근 의사 기념비

우스리스크시 보르다르스코로 거리에는 고려인들에게 '페치카'(벽난로)라는 별명으로 불리는 최재형의 거주지가 있다. 러시아 연해주 역사 속 대부 최재형이 살았던 거주지에서 역사의 한페이지를 마주하며 그를 떠올려 본다. 최재형 선생은 연해주 한인사회의 최고 지도자인 동시에 독립운동가다. 최도헌으로 불리며 거부였던 그는 사재를 독립운동자금으로 제공하면서 이범윤과 함께 연해주의병의 최고 지도자가 되었고, 1919년에는 대한민국임시정부가 수립되자 초대 재무총장에 선임되었다. 하지만, 연해주를 침공한 일본군이 1920년 러시아 혁명세력과 한인들을 공격한 4월참변을 일으켰을 때, 일본군에 체포되어 김이직, 엄주필 등과 함께 총살당해 순국하고 말았다. 최재형의 묘소를 아는 이는 아무도 없다. 다만 우수리스크시 보르다르스코로 거리 38번지가 최재형이 말년에 살았던 곳으로 남아있다.

최재형의 마지막 거주지

최재형 거주지에서 한 블록 위로 가면 최재형의 또 다른 거주지와 함께 건너편에 전로한족중앙총회 개최 장소가 있다. 1917년 볼세비키혁명이 일어나게 되자, 연해주 한인 사회는 전로한족대표자회의를 열고 중앙총회를 결성하면서 새로운 활동방향을 모색하게 되었다. 10월 혁명 발발 이후인 1918년 6월에는 제2회 전로한족(회)중앙총회가 개최되었다. 하지만, 연해주 각 지방 단체 대표와 학교 대표 등 129명이 참석한 이 대회에서는 귀화인과 비귀화인 간에 첨예한 의견 대립이 노정되어 한인사회당, 그리고 대한국민회 계열 등으로 분화되는 계기가 되기도 했다. 1918년 6월 회의가 개최될 당시 이 건물은 니콜리스크우수리스크 실업학교 교사였다고 한다. 현재 이 건물은 우수리스크 11호 학교 교사로 사용되고 있다.

제2회 전로한족중앙총회 개최장소

옛 고려교육전문학교 건물

시내에는 고려교육전문학교도 있다. 고려교육전문학교는 1918년 전로한족중앙총회에서 4만 루블을 들여 건립한 한인 교원 양성학교로 1920년 4월참변 때 일시 폐쇄되었다가 1926년 고려교육전문학교로 정식 설립되었다. 이후 1937년 한인 강제이주로 폐교될 때까지 많은 인재를 배출하였다. 이 건물은 현재 특수 문화학교 교사로 사용되고 있다.

영원한 영웅 대한의군 '안중근'

우스리스크의 바라바쉬를 지나면 지신허가 나온다. 먼저 바라바쉬는 휴게소가 설치되어 있어 지신허와 크라스키노를 가기 전 잠시 머무는 곳이었다. 사실 이곳은 의병장 유인석이 1909년경 1년 동안 거주하였던 곳으로 알려진다. 지신허(地新墟)는 연해주 첫 이민의 역사를 썼던 곳으로 북한과의 국경 접경지대이다. 한인의 러시아 이주는 1863년부터 시작되었다. 그 해에 함경도 주민 13가구가 두만강을 넘어 포시에트 구역의 지신허에 정착한 것을 효시로 본다. 이로부터 시작된 한인 이주는 급증하였으며, 연추 추풍 해삼위 소왕령 수청 등지를 중심으로 연해주 도처에 한인사회가 형성되게 되었다. 2000년 연해주 국가보훈처 독립운동사적지 조사단에 의해 지신허 위치가 확인되었고, 2004년에 가수 서태지의 기부금으로 이주 140주년을 기념하여 지신허에 비를 세웠다. 두만강

국경지대에 자리 잡은 지신허는 국경수비대의 허가가 있어야 들어갈 수 있는데, 허가가 잘 나지 않는다. 지신허 입구의 노란 들꽃이 바람에 일렁일 뿐이다.

지신허 입구

연해주 의병운동의 본산지 크라스키노, 연추에서 유니베라(구 남양 알로에) 기업이 경영하는 농장 입구에 가면 '대한의군 참모중장' 안중근 의사 단지동맹비가 세워져 있다.

안중근, 이름만 들어도 전율을 느낀다. 안중근 의사는 1879년 황해도 해주에서 출생하였다. 어려서 불린 이름이 응칠로 해외 망명 생활 중에도 이 이름을 사용하기도 했다. 1895년에는 천주교에 입교하여 토마스라는 세례명을 받았다. 1904년 상해로 망명하였고, 1907년에는 북간도로 망명하였다가 이후 노령으로 근거지를 옮기고 블라디보스토크에서 한인청년회 임시사찰이 되어 독립정신을 고취하고 의병운동을 독려하였다. 1908년에는 흑룡강 일대에서 이상설, 이범윤 등과 교류하였으며, 1909년 3월에 김기룡, 엄인섭, 황병길 등과 단지회를 조직하였다. 그해 9월 블라디보스토크에서 신문지상을 통하

여 이토가 만주에 온다는 소식을 알고 거사하기로 계획하였다. 안중근은 동지 우덕순·조도선 등과 의논하고, 우덕순·조도선을 채가구(蔡家口)에 대기시킨 뒤 자신은 하얼빈에서 이토를 기다렸다. 마침내 10월 26일 초대 통감 이토 히로부미가 러시아 대정대신 코코프체프와 하얼빈에 회견하러 왔을 때 하얼빈 역에서 러시아 장교단을 사열하고 군중 쪽으로 발길을 돌리는 순간 안중근은 권총을 발사하여 3발을 명중시켜 이토를 사살하였다. 안중근 의사는 거사 직후 도주하지 않고 떳떳하게 체포당하였다. 안중근 의사는 자신을 '한국의용병 참모중장 31세 안중근'이라고 분명하게 말한 뒤 대한의용군 사령 자격으로 이토를 총살하였다고 당당하게 밝혔다. 이후 1910년 2월 7일 관동도독부지방법원장 마나베의 주심으로 6차에 걸친 재판이 시작되었다. 안중근은 이토의 살해를 독립전쟁의 행위로 규정하고, 대한제국 의병참모중장이 적과 싸우다 포로가 되었으므로 만국공법에 의해 처리할 것을 주장하였다. 검찰관인 미즈노도 이토를 죽이지 않으면 독립할 수 없다는 안중근의 주장을 인정하기에 이르렀다. 같은 달 24일 개정된 최종 공판에서 안중근 사형, 우덕순 징역 3년, 조도선·유동하 징역 1년 6개월이 언도되었다.

안중근은 사형 언도를 받고 항소하지 않았다. 그것은 항소하지 않는 대신 『동양평화론』을 저술하고자 했기 때문이었다. 그러나 저술을 완성하지 못한 채 1910년 여섯 차례의 재판을 받고 3월 26일 여순감옥에서 순국했다.

연해주에서 안중근 의사를 만나는 곳은 크라스키노이다. 안중근의사가 동의단지회를 결행한 장소를 기리기 위해 오석(烏石)의 비가 세워져 있다. 안중근 의사는 1908년 러시아지역 최초의 의병 조직인 동의회를 이곳 상얀치혜에서 조직했다. 크라스키노에서 추카노프카 마을을 지나 산 쪽으로 올라가면 상얀치혜 마을 터가 있다. 이후 1909년 2월 연추 하리에서 동지 11명과 함께 동의단지회를 결성했다. 이것을 기념하여 2001년 10월 19일 광복회와 고려학술문화재단이 비를 세웠다. 비가 최초로 선 곳은 추카노프카 마을 입구 시냇가 공터였는데, 관리가 제대로 되지 못한 채 방치되어 있던 것을 2007년 11월 블라디보스토크 총영사관에서 현지 진출기업인 남양알로에와 협의하여 관리가 용

안중근 의사 단지동맹비와 추모공원

이한 부근 남양알로에 제1농장 입구로 이전하여 세웠다. 하지만, 그곳이 다시 러시아 국경수비대 관할 통제구역에 포함되었던 관계로 한국인들의 관람 참배가 어렵게 되었다. 이에 2011년 8월 지금 농장의 입구로 옮기고 몇 개의 석물을 추가 배치하여 공원으로 조성하였다. 단지동맹비 앞에 서니 단지의 결의가 한층 더 가슴 속을 파고든다.

크라스키노는 작고 조용하며 화려하지 않은 시골 마을이다. 빨래집게에 물린 옷가지가 걸려 있는 모습은 우리의 시골 마을과도 흡사하다. 크라스키노는 블라디보스토크에서 약 300㎞ 떨어져 있다. 러시아인들은 이곳을 노우끼예프스크라고 불렀다가 1938년 일본군과의 전투였던 장고봉 전투에서 순국한 크라스킨 중위를 추도하기 위해 크라스키노라고 명명했다. 우리 한인들은 이 지역을 연추라고 불렀다. 크라스키노 전망대에 올라 핫산의 영웅들 동상 아래에서 포시에트 만을 끼고 있는 크라스키노 일대를 바라 본다.

전망대에서 바라보는 크라스키노 마을, 옛 연추 일대

연추는 항일의병 항쟁지로서 매우 중요한 곳이다. 1910년 6월 21일 유인석은 이상설·이범윤·이남기·홍범도 등과 함께 국내외 의병세력의 통합군단을 표방하고 십삼도의군을 편성하였다. 유인석은 도총재가 되어 십삼도의군을 대표하였고, 그 아래 이범윤이 창의군총재, 이남기가 장의군총재로서 실질적인 군사권을 가지고 있었다. 국망을 앞둔 시기에 항일무장세력의 통합군단을 표방했다는 점에서 십삼도의군은 독립운동사상 큰 의의를 지니고 있다. 그 편성장소에 대해 유인석의 연보에는 '재구(梓溝)', 즉 '재피거우'로 기록되어 있고, 러시아측 자료에는 '암밤비'로 나타난다. 그동안 학계에서는 현지답사를 병행하며 그 창설지 위치비정 작업이 이루어져 왔고, 재피거우 마을자리를 근접하게 확인하는 성과를 거두었다. 마루문카 강과 보로딘스키 강이 합류하는 곳인데 마루문카강 분지에는 재피거우인 말루지노 마을이 있었다고 한다.

신한촌에서 바라보는 마음 속 '3·1 독립문'

러시아 연해주의 심장 블라디보스토크의 뜻은 바로 '동방을 지배하라'는 것이다. 동해의 아무르 만과 우수리 만 사이로 뻗어있는 반도 서쪽에 졸로토이 만을 감싸듯이 자리 잡고 있다. 러시아의 극동지역으로서 항구와 해군기지로서의 중요한 도시이다. 해삼위 지역이었던 이곳은 1860년 러시아와 중국이 북경조약을 맺고 러시아령이 되었다. 우리나라와 러시아와의 관계도 이때부터 시작되었고, 1884년 조·러수호통상조약이 체결되면서 공식화되었다.

블라디보스토크의 금각교를 건너며 얼지 않는 항구 금각만[블라디보스토크 항]을 바라본다. 금각만을 돌아 신한촌으로 발걸음을 옮겼다. 신한촌(新韓村)은 높은 산 위에 만들어진 마을이다. 러시아 인들에게 개척리에서 쫓겨 산으로 밀려났고 마을이 만들어졌다. 산등성이로 오르는 마을 입구를 넘어가자 길 옆의 작은 나무 숲 사이로 신한촌 기념탑의 모습이 드러났다. 신한촌은 1911년 이후 한인들이 집단 거주하면서 독립운동을 벌였던 곳이다. 신한촌은 블라디보스토크시 서북방, 개척리의 정북방에 위치해 있고 하바로브스크 거리로 지금은 옛 모습이 전혀 남아 있지 않다. 일제 강점 초기 해외 한인사회

신한촌 항일기념탑

의 대표적인 민족운동단체인 권업회의 본부를 비롯하여 한민학교, 권업신문사 등이 모두 이곳에 자리 잡고 있었으며, 해외 독립운동의 중요한 근거지였다. 이곳은 1937년 강제 이주로 폐허가 되었고 지금은 아파트가 들어서 옛 모습은 모두 사라졌지만 일제강점기 1만명이 넘는 한인들이 거주했던 곳이었다.

신한촌의 항일 기념탑은 사단법인 해외한민족연구소에서 1999년 8월 15일 건립하였다. 기념탑 설명문은 전체 연해주의 역사를 설명하고 있다. 이전에는 관리가 잘 안되어서 쇠창살과 울타리 및 출입문을 만들었다고 한다. 그리고 동네 아이들이 기념탑에 낙서를 해서 기념탑과 비문이 일부 훼손되어 있었다. 다만 현재 고려인 후손이 관리하면서 조금 나아지고 있었다. 자그마한 관리 사무실에 많은 한국인들이 다녀간 발자취가 있었다. 지금도 많은 한국인들이 블라디보스토크를 방문했을 때 빠지지 않고 다녀가는 곳이 되었다.

선선한 바람이 분다. 푸른 여름 날씨이다. 신한촌 기념탑을 나와 아래 동네로 내려오면 알레나 상점의 간판을 달고 있는 옛 이동휘 선생이 1910년대 잠시 살았던 집터가 있다. 성재(誠齋) 이동휘(李東輝)는 함경남도 단천 출신으로 군관학교를 다녔고 육군 참령(參領)을 지냈다. 1907년 구한국군이 강제로 해산될 때 강화진위대(江華鎭衛隊)의 참령이었던 그는 1909년 3월 연기우, 김동수 등과 강화도 전등사에서 의병을 조직할 계획을 세우다가 잡혀 유배되었다. 하지만 이동녕, 안창호 등과 신민회를 조직하고 항일투쟁을 벌였다. 1911년에는 윤치호, 양기탁 등과 105인 사건에 연루되어 투옥되기도 했다. 개화운동과 항일투쟁을 전개하며 1915년 연해주로 망명하여 한인사회당을 조직했다. 이후 1919년 8월 대한민국임시정부 국무총리가 되어 상해로 갔다. 1920년 봄 공산주의자그룹을 조직하였고 1921년 한인사회당을 고려공산당으로 개칭하였다. 국무총리직에 있는 동안 레닌으로부터 200만 루블의 원조를 받았고, 그 중 40만 루블을 고려공산당 조직기금으로 유용했다가 총리직을 사임했다. 일제강점기 공산주의운동의 선구적 활동과 더불어 항일독립운동을 펼치다 1935년 시베리아에서 생을 마감했다.

알레나 상점을 마주보고 왼쪽 아래쪽으로 100m 정도 내려가면 그곳이 신한촌의 입구였다. 바로 그곳에 1920년 3·1운동 1주년 기념식이 열리고 삼일 독립문이 세워졌었다. 1919년 국내에서 3·1운동이 일어나

현재는 상점이 운영되고 있는 이동휘 집터

자 연해주의 대한국민의회는 3월 17일 독립선언서를 발표하고 블라디보스토크에서 대규모 만세운동을 주도했다.

대한국민의회는 원래 3월 15일 독립선언서를 발표하여 한국의 독립을 만방에 선전하는 한편, 자동차 20여 대에 부녀자를 싣고 이를 선두로 하여 시가를 행진하는 등 일대 시위운동을 계획하고 준비를 진행했다. 14일 각 집에 태극기를 배부하면서 5루블씩을 거두었으며, 블라디보스토크에서는 학생, 그 밖의 청년 1,000여명을 간도로 보내 그곳 청년단 8,000~9,000명과 화합하여 국내진입을 계획했다. 또한 니콜리스크에서는 각 지방대표자를 소집하여 국민의회를 조직하기 시작했다.

하지만 블라디보스토크에서 3월 15일 거행하려던 독립 시위운동은 러시아문과 영문선언서 작성이 지연되고, 이곳이 계엄령 시행지역으로서 운동전개시 엄중한 압박을 받을 것이라는 의구심과 러시아 관헌으로부터 신한촌 민회의 폐쇄명령을 받았고, 러시아 요새 사령관에 시위운동과 각국 영사관에 선언서를 배부할 것을 출원한 것에 대해 집회 허락을 받지 못하였으며, 국교를 해치는 어떠한 행위도 엄금할 것이라는 반응으로 인해 15일 실행계획을 일단 보류했다.

하지만 3월 17일 오후 4시 조선인 2명이 블라디보스토크 일본 총영사관에 러시안문과 한글로 된 선언서를 일본정부에 전달하기 바란다는 취지의 문서와 함께 전달하였다. 오후 5시에는 집집마다 일제히 태극기가 게양되었다. 이날 국민의회 회장 문창범은 니콜리스크에서 블라디보스토크로 와서 곧 운동에 착수하여 11개국의 영사관과 러시아 관청에 선언서를 배포하고, 오후 6시부터 학생 등은 수대의 자동차에 나눠 타고 태극기를 흔들며 시가를 누비고 다녔다. 그러자 계엄령하의 블라디보스토크에서 일본 총영사관은 러시아 요새사령관과 연해주 장관에게 이의 단속을 요구하였다. 오후 7시 러시아 관헌은 한인들의 독립운동을 금지하고 학생 2명을 구인하였다. 또한 신한촌 각 집에 걸린 태극기를 모두 끌어내리게 했다. 하지만 만세운동은 그치지 않았다. 다음날 조선인 노동자들이 모두 휴업을 하고 신한촌에 모여 독립행진을 이어갔고, 니콜리스크에서는 3월 17일 아침 선언서를 발표하고 다수의 조선인이 모여 운동을 개시하였다. 그 중 일부 약 100여명은 라즈돌노예에 도착하여 운동을 하려고 계획하였다. 3월 21일 라즈돌노예에서 약 300명의 한인들이 집합하여 일본군대를 습격하려고 했는데, 일본군 분견대는 러시아 위수사령관에게 요청하여 러시아 민병을 동원 한인들을 해산시켰다.

연해주에서 독립만세운동은 니콜스크-우스리스크, 포세트, 스파스코예, 라즈돌리노예, 하바롭스크 등 한인들이 거주하는 각지에서 4월 중순까지 지속되었다. 이후 1년 뒤 1920년에 삼일 독립문이 세워졌고, 1930년대 강제이주로 인해 신한촌이 폐촌 되기까지 마을의 입구를 지켰다. 현재는

언덕 입구는 신한촌 삼일독립문이 있던 곳

아무런 흔적도 없이 언덕일 뿐이다. 비록 지금은 그냥 길이지만 지난 100여 년 전을 생각하며 잠시 감회에 잠긴다.

신한촌은 블라디보스토크 지역의 3·1운동의 시발점이었다. 현재 알레나 상점 옆에는 4년제 학교였던 한민학교가 있었다. 1911년 창립된 권업회가 민족주의 교육을 고취시키기 위해 신한촌의 한인학교 계동학교를 확대·개편하여 1912년 3월 4년제 고등소학·중등과정의 민족교육기관으로 한민학교를 설립하였다. 한민학교는 연해주 한인사회에서 민족주의 교육의 중추기관이 되었다. 그 학교터로 추정되는 곳에서 언덕 아래에 조선의 독립만세를 기렸던 3월 1일 독립문이 세워졌다. 1920년 3월 1일 3·1운동 1주년을 맞이하여 한인들이 이 곳에

신한촌 마을입구

모여들었고, 큰 붉은 문의 삼일 독립문이 세워졌다. 조선일보 1923년 8월 16일자에 「해항 신한촌에 큰 붉은 문」이라는 제목 하에 그 모습이 다음과 같이 설명되어있다.

"노령 해삼위 신한촌에 있는 조선동포들은 근자 신한촌 동구에 큰 붉은 문을 나무로 만들어 세우고 그 문 위에 '삼월 일일 조선독립기념'이라 하고 세기고, 그 아래에도 삼십여자의 문구를 조각하였더라"

또 일본인이 쓴 『극동의 계획과 민족』(1938)에 당시의 모습을 떠올릴 수 있는 서술이 있다.(『박환교수와 함께 걷다, 블라디보스토크』(아라, 2014)에서 재인용)

"블라디보스토크의 북쪽 해안을 내려다보는 언덕 위에 자리 잡은 신한촌을 방문하였다. 그곳의 집들은 온돌을 놓고 있어 한국의 연장이나 다를 것이 없었다. 이 마을에 들리려면 울퉁불퉁한 돌들이 깔린 고개 길을 올라가야 했다. 그 고개를 오르면 독립기념일인 3월 1일 문이 고색(古色)을 지닌 채 마을 입구에 서 있다. 이 문을 지나서 메인 스트리트를 바로 걸어가면 우측에 소학교가 있다. 맞은 편 양관은 지금 구매조합의 사무실로 쓰이고 있으나 재작년까지 한국인소학교였다. 이곳이 1919년의 간섭(시베리아출병) 당시에 독립운동을 모의한 곳이라 하여 일본군인들이 불살라 버린 것을 재건축한 것이라고 한다."

한 많은 이국 땅, 새로 일구어 삶의 터전을 마련했던 그들이 그토록 원했던 것은 무엇이었을까? 다름 아닌 빼앗긴 조국을 다시 찾는 것이었다. 신한촌의 만세함성을 그려보며 3·1운동 1주년을 기념했던 블라디보스토크의 사무친 그리움을 떠올려 본다.

알레나 상점 뒤쪽 마을 안으로 더 들어가면 새로 집을 짓고 있는 곳이 있었는데 신한촌 역사의 증거가 그 집 대문 앞에 남아있다. 그 증거는 '서울스키야2A' 이다. 지금은 신한촌의 모습이 남아있지 않은데 신한촌이 있었다는 유일한 증거가 주소로 남아있다.

서울스키야2A 주소지

블라디보스토크 도심의 거리는 신한촌으로 쫓겨 가기 전 한인들이 처음으로 거주하며 일구었던 개척리가 있었다. 우리 민족의 역사가 처음으로 서려있는 개척리(開拓里)는 한인들이 블라디보스토크에 처음 거주하기 시작한 곳이다. 1870년대부터 러시아인들은

'한인 거리'라는 의미에서 이 거리를 '카레이스카야'로 불렀다. 한인들이 개척리라고 부르던 이곳은 1905년 을사늑약 이후 유인석·이상설·신채호·안중근 등 수많은 애국지사들이 집결하면서 해외 항일 독립운동의 중추기지가 되었다. 특히 이곳에서는 1910년 8월 일제의 대한제국 병탄이 원천무효임을 선언한 항일단체 '성명회(聲明會)'가 결성되었으며, 또 이주 한인들의 항일민족의식을 고취하였던 한인학교인 계동학교와 한글신문인 해조신문·대동공보 사옥이 자리 잡고 있었다. 1911년 개척리 한인촌이 폐쇄되자, 여기에 거주하던 한인들은 북쪽 아무르만에 연한 언덕 일대로 집단 이주하여 새로운 한인 거주 구역인 신한촌을 건설하게 되었다.

옛 개척리 거리의 현재 모습

블라디보스토크 해안시민공원 근처 도심의 거리가 바로 개척리였다. 개척리 거리 옆에는 '아르바트'라는 젊음의 광장과 해안시민공원이 블라디보스토크의 관광명소로 자리 잡고 있다. 한인이 최초로 정착한 지점으로 알려져 있는 아무르만 해변의 원형분수대 부근이 '웅덩마투아'이고, 웅덩마투아 위쪽 언덕의 블라디보스토크 극장 방향이 '둔덕마투아'로 개척리 초기 거주지이다. 마투아는 중국어로 조그마한 항구라는 뜻이라고 한다. 짧은 여름 한철 해안가는 아주 작은 모래사장에 많지는 않지만 일광욕과 수영을 즐기는 러시아인들과 놀이기구를 이용하고 즐거워하는 가족들이 많다.

블라디보스토크 해안시민공원 해변가　　　　　블라디보스토크 해안시민공원 놀이기구

　　옛 개척리 거리가 느껴지지 않는 도심 속의 거리에는 '개척리 연해주 한인 150주년 기념비'가 서있다. 많은 이들의 노력이 우리의 연해주 역사를 기억하고 있다.

개척리 연해주 한인 150주년 기념비

　　좀 더 큰 거리로 나와 혁명광장과 마주하는 대로변에는 '구 원동조선사범대학교 건물'이 있다. 1930년 초에 건립된 당시 해외에서 하나밖에 없는 조선인 대학이었다. 현재는 3층의 은행건물로 사용되고 있었다. 옛 대학건물을 바라보고 언덕 아래의 큰 길로 내려오면 블라디보스토크의 상징 혁명광장이 나온다. 그 중간쯤에 '구 일본영사관 건물'이

있다. 1916년부터 1946년까지 사용한 일본영사관 건물로 국화 모양이 새겨져 일본을 상
징하고 있다. 또한 길 위에는 지하 창문이었던 곳이 밀폐되어 있는데 감옥으로 쓰이기도
했다고 한다.

옛 원동조선사범대학교 건물

옛 일본영사관 건물

　블라디보스토크의 상징 혁명광장은 러시아 혁명이전 시장으로 이용되어 수 많은 우
마차들이 운집해 있었다고 하는데 지금도 이곳은 주말시장으로 이용된다. 혁명광장 가
운데에는 위풍당당하게 혁명전사상이 광장을 압도하고 있었다. 혁명광장 앞에는 블라디
보스토크 역과 항구 금각만이 펼쳐져 보이고 뒤쪽으로는 블라디보스토크 도시의 중심

가가 한 눈에 보인
다. 우리 민족의 개
척지였다가 현재
의 러시아 극동의
중심도시가 된 블
라디보스토크에
잠시 취해 본다.

블라디보스토크 혁명광장

얼지 않는 항구의 '기억'

시베리아 횡단열차의 끝인 블라디보스토크 역은 1907년에서 1912년에 건설된 시베리아 횡단열차의 종착역이다. 연해주를 개척하며 독립운동을 했던 많은 독립운동가들이 이 역을 통하여 이동했다. 그중 안중근 의사도 1909년 하얼빈을 가기 위해 이 곳에서 출발했다. 또한 1937년 우리의 동포들은 이 역을 통하여 강제로 이주를 당해 중앙아시아에 버려졌다. 우리 역사 속 블라디보스트크역은 그냥 단순한 기차역이 아니다.

블라디보스토크역

블라디보스토크역 시베리아철도 기념비   블라디보스트크항에 정박해 있는 북한의 만경봉호

요즘은 많은 사람들이 여행을 즐긴다. 그 과정에서 관광적으로 시베리아 횡단열차는 누구나 한번쯤 타보고 싶은 여정이다. 하지만 실제 이용자들의 후기를 들어보면 편리한 시설은 아닌 것이다. 그도 그럴 것이 6박 7일 동안 기차를 타고 여행한다는 것은 쉬운 일이 아닐 것이다. 그리고 1937년 강제 이주 당시를 생각해 보면 이곳 블라디보스토크 출발의 열차 화물칸에 실려 쫓겨났던 우리 민족의 아픔을 곱씹어 볼일이다.

블라디보스토크 역 앞은 블라디보스토크 항구이다. 항구에는 북한의 만경봉호가 정박해 있다. 인공기와 붉은색의 선전 문구는 여전하다. 철로로 내려가면 당시 운행했던 증기기관차와 시베리아철도 기념비가 세워져 있고 많은 이들이 이곳에서 기념사진을 남기고 있다.

블라디보스토크에는 독수리 전망대가 있다. 독수리 전망대에는 러시아어를 만든 키릴 형제의 동상이 서있다. 독수리 전망대에 오르면 우리 남산에 연인들이 채워놓은 자물쇠처럼 러시아 연인들이 사랑을 약속하며 매달아 놓는 자물쇠가 유행을 타고 있다. 독수리 전망대에서는 얼지 않는 항구 금각만을 한눈에 볼 수 있다. 블라디보스토크의 상징이 되어버린 금각만대교가 우뚝 서있다. 얼지 않는 항구 금각만에는 우리 선조들의 피눈물이 흐르고 있을 것이다. 그렇기에 더욱 얼지 않는 항구는 아닐까? 그 기억을 후손들은 잊지 않고 찾아 올 것이며 계속 이어질 것이라 생각해 본다.

독수리 전망대를 내려와 육교를 지나면 극동연방대학교 과학박물관 정원에 놓여있는 '조명희 문학비'를 발견할 수 있다. 조명희는 충청북도 진천군에서 태어났다. 3살 때 아버지를 잃고 서당과 소학교를 다녔고, 서울 중앙 고보를 중퇴하고 북경 사관학교에 입학하려다 일경에 붙잡혔다. 또 3·1운동에 관계되어 투옥되기도 했다. 일본으로 가서 동경대학 철학과에 입학하였고 1920년 「김영일의 사」를 발표하여 희곡무대에서 상연하기도 했다. 귀국 후 1924년 『봄 잔디밭 우에』를 간행했다. 1928년 소련으로 망명하여 소련 작가동맹 원동지부 지도부에서 근무했다. 하바로브스크의 한 중학교에서 일하며 동포 신문인 『선봉』과 잡지 『노력자의 조국』의 편집을 맡기도 하였다. 1937년 가을 스탈린 정

독수리전망대에서 바라 본 얼지 않는 항구 금각만과 금각만대교

부의 숙청 시절에 '인민의 적'이란 죄명으로 체포되어, 1938년 4월 15일에 사형 언도를 받고 5월 11일 하바로브스크에서 총살되었다. 대표작으로 일제의 농민수탈과 이에 저항하는 지식인 운동가의 삶을 그린 「낙동강」을 비롯, 「붉은 깃발아래에서」, 「짓밟힌 고려인」

정원 안의 조명희 문학비

등이 있다. 사후 명예회복이 되어 소련작가연맹회원으로 복권되었다.

러시아 연해주를 개척하며 살았던 고려인들을 얼지 않는 항구는 기억할 것이다. 뜨거운 가슴으로 오늘의 행복과 삶을 되돌아보며 오늘에 묻는다. 연해주 개척민들의 삶과 희망을. 그리곤 답한다. "스파씨바", 정말 감사합니다.

[참고문헌]

『3·1운동비사』, 이병헌, 시사시보사출판국, 1959

『독립운동사자료집』 5, 독립운동사편찬위원회, 1972

『답사여행의 길잡이 7 경기남부와 남한강』, 한국문화유산답사회 엮음, 돌베개, 1996

『서울 근현대 역사기행』, 정재정·염인호·장규식, 혜안, 1998

『답사여행의 길잡이 11 한려수도와 제주도』, 한국문화유산답사회 엮음, 돌베개, 1998

『한국인물대사전』, 한국정신문화연구원, 중앙일보사 중앙M&B, 1999

『한민족문화대백과사전』, 한국학중앙연구원

『한국사』 47, 국사편찬위원회, 탐구당문화사, 2001

『경기지역 3·1독립운동사』, 박환, 선인, 2007

『시베리아 한인민족운동의 대부 최재형』, 박환, 역사공간, 2008

『박환 교수의 러시아 한인 유적 답사기』, 박환, 국학자료원, 2008

「김포지역 3·1운동의 전개와 특징」『지배문화와 민중의식』, 이동근, 한신대학교 출판부, 2008

『寫眞で見る在日コリアンの100年―在日韓人歴史資料館圖錄』, 在日韓人歴史資料館, 明石書店, 2008

『한국독립운동의 역사 59 국외항일유적지』, 김주용 등, 한국독립운동사편찬위원회·독립
　　　　기념관 한국독립운동사연구소, 2009

『경기남부 독립운동사적지』, 국가보훈처·독립기념관, 2009

『경기기행 역사·문화 1』, 경인일보사, 2010

『학예사와 떠나는 경기도 답사기 항일유적편』, 경기도학예사24인, 푸른역사, 2010

『독립운동 사적지를 찾아서』 1 ~ 3, 국가보훈처·독립기념관 한국독립운동사연구소, 2012

『천도교에서 민족지도자의 길을 간 손병희』, 성주현, 역사공간, 2012

『근대로의 여행 골목』, 김진규 외, 대구광역시 중구청, 2012

『왜 우리는 군산에 가는가』, 강석훈 외. 글누림, 2014

『박환교수와 함께 걷다, 블라디보스토크』, 박환, 아라, 2014

『기생, 푸르디푸른 꿈을 꾸다』, 신현규, 북페리타, 2014

『일제강점기 수원지역사 역사는 삶이다』, 이동근, 블루씨, 2014

『한국 근대 여성 63인의 초상』, 김영일 외, 한국학중앙연구원출판부, 2015

『신작로 근대를 품다』, 이동근, 블루씨, 2016

『국내 민족운동의 숨겨진 이야기 잊혀진 민족운동가의 새로운 부활』, 박환, 선인, 2016

『여성독립운동가의 발자취를 알리다』, 심옥주, 한국여성독립운동연구소, 2016

『한국사를 지켜라1, 독립운동가로 산다는 것』, 김형민, 푸른역사, 2016

『청소년을 위한 안성독립운동사』, 안성시.안성3·1운동기념관, 역사공간, 2017

『수원 근대 인문기행① 신작로, 근대를 걷다』, 수원시, 2017

서울시청 홈페이지

군산시청 홈페이지

대구시청 홈페이지

제주평화박물관 홈페이지

제주 해녀박물관 홈페이지

제주항일기념관 홈페이지

제주4·3평화공원 홈페이지 등

※이 외에도 많은 연구논문과 저서 및 자료를 참고하였으나 일일이 다 밝히지 못했음을
  양해해 주시기 바랍니다.

Memo